일본제국의 대륙침략은 멈춰진 시계가 아니다

3·1독립운동100주년에부쳐
일본제국의 대륙침략은 멈춰진 시계가 아니다

전재진 씀

북마크

| 들어가며 |

    일본제국이 조선의 갑오동학민중 학살을 시작으로 청일전쟁, 러일전쟁, 한일강제병탄, 2차대전과 태평양전쟁에 이르기까지 '침략전쟁총지휘본부'인 대본영의 군통수권자 히로히토의 명령으로 우리 민족을 죽인 숫자가 얼마입니까?
    아시아 민중을 학살한 숫자는 얼마이며, 우리 국민을 강제징용·징병·납치拉致하여 전쟁터에 몰아넣은 숫자는 얼마이며, 조선의 처녀들을 일본군 성노예로 농락한 숫자는 얼마이며, 사람을 산 채로 세균과 약물과 독가스로 생체실험하고 칼로 찢고 째며 해부한 숫자는 얼마입니까? 무참하게 불태운 마을과 가옥의 숫자는 얼마이며, 약탈해간 문화재와 금괴와 보물은 얼마이며, 1945년 이후 우리 민족의 유해를 유기한 숫자는 얼마입니까? 그 인권유린과 피해의 규모는 3·1독립운동이 일어난 지 1백 년이 지난 지금도 가는 곳곳마다, 보이는 곳곳마다 원형 그대로 남아있습니다.
    이 같은 일본의 침략 만행은 4대에 걸친 일왕을 지휘자로 하여 몇몇 고위급 정치인에 의해 조종·자행되었습니다. 2세기의 중애왕 때도 그랬고, 1592년 임진년 토요토미 히데요시의 조선침략 때도 그랬고, 각의에서 침한론을 의결한 메이지정권 무츠히토 때도 그랬습니다. 모두 군주와 쇼군들이 자신들이 처한 불리한 정치적 입지에서 벗어나려는 수단으로 이웃나라 조선을 침략했습니다. 대다수의 일본 국민은 일본 정부가 '그 전쟁(청일전쟁, 러일전쟁, 한일강제병탄, 중일전쟁, 2차대전)은 침략전쟁이 아니었다'고 부인하는 것부터 잘못이라고 말합니다.

「홍화평弘和平 : 바벨론의 벨사살 왕이 포로로 잡혀 온 이스라엘인 다니엘을 불러 하나님이 손가락으로 분벽에 쓴 '메네 메네 데겔 우바르신'(다니엘 5장 25절)을 해석하라고 명령했지요. 다니엘이 하나님의 의도대로 해석하기를 '히로히토! 네 군사와 네가 조선과 조선인에게 저지른 침략·학살 만행을 내가 이미 다 헤아렸음이니 네 나라를 인류를 두루 이롭게 동이족에게 넘기겠노라!'고 엄중히 경고한 글귀입니다.」

이제 이웃나라를 침략하여 영토와 문화를 짓밟고 그 나라의 국민을 학대·억압·학살·고문치사·방화·약탈·강간·도적질하는 제국·군국주의 국가나 족속은 지구상에서 존속하지 못합니다. 지구상에 아직도 남아있는 일본제국·군국주의는 아시아의 하늘 아니 지구상에 필요 없습니다.

　돌이켜보면 일본은 이웃나라를 침략하여 「삼광작전」을 펼쳐야 먹고살 수 있다는 정책을 폈지만, 우리 민족은 '홍익인간 재세이화'를 널리 실천했습니다. 그것은 비록 외세의 침략은 받았으되 침략하지는 않았다는 데서 알 수 있습니다. 힘이 없어서가 아닙니다. 바로 9천 년 전 배달국의 건국이념인 홍익인간을 실천해 왔기 때문입니다. 하지만 우리는 숭고한 건국이념 앞에서 자성해야 합니다. 정치적 혼란과 사회적 문란, 교육적 교란이라는 3란을 우리 국민 각자가 스스로 타개해야 합니다. 3·1독립운동 1백 주년을 맞은 기해년 오늘부터 모두 허리띠를 졸라매십시오. 하면 됩니다. 저는 여기서 홍익인간을 나름대로 제 견지에서 해석해 봅니다.

　「홍익인간弘益人間: 생명이 있는 것이나 없는 것이나 형상이 있는 것이나 없는 것이나 모두를 이롭게 하고 자연과 인간이 조화로서 화합하여 환란 없이 살아가는 평화로운 삶을 영위하려는 인도적 행위, 즉 누구든지 우주를 선회하는 지구를 생각하라!
누구든지 그 지구 위에 있는 자연을 유익하게 하라!
누구든지 그 자연에 있는 생명을 존중하라!
누구든지 생명이 있는 모든 것들을 기억하라!」

이 작은 책은 역사적 사실만을 담고 있습니다. 아시아의 남녀노소 누구든지 직업과 종교와 이념을 초월하여 이 사실을 다 알아야 합니다. 일본인도 모두가 이 사실을 낱낱이 알아야 합니다. 지구촌에 사는 사람들 모두 이 사실을 알아야 합니다. 더더욱 일본 정부와 그 작전세력들 모두가 이 사실을 알아야 합니다. 일본 정부와 그 작전세력들은 사람의 견지로서 참회의 눈물을 흘려야 합니다. 사실을 알면서도 사죄와 반성을 하지 아니하는 자에게 용서란 없습니다. 이 작은 책은 그런 이야기를 하고 있습니다.

기해년(2019) 정월 만주 독립군의 투혼을 기리며
전재진 씀

| 추천사 |

추원용 이사장

　우리나라의 근현대사는 일본제국의 야욕과 탐욕으로 몽땅 일그러졌고 조선총독부 친일학파들에 의해 철저하게 왜곡되었습니다. 그런데도 미래를 짊어지고 나아갈 청소년들은 그 일그러진 역사가 밀물처럼 밀려오고 있다는 것을 모르고 있습니다. 지난 70년 동안 그 역사를 가르치지 아니한 잘못이 있습니다. 우리가 이 일제침략전쟁범죄를 망각하거나 방치하면 바로 망국의 병폐로 침습한다는 것을 알지 못하여 패배자의 길을 자처하는 것이나 다를 바 없습니다.

　저자는 이 같은 현상 즉 일제침략사를 치욕의 역사로만 방치하고 방관하는 위험한 현상이 나타나고 있다고 지적합니다. 세월이 흘렀다 하여 역사가 성립되는 것이 아니고, 기록이 돼 있다 하여 그것이 다 역사가 되는 것이 아닙니다. 다시 말하면 인간사회에 악순환을 조장하는 왜곡된 과거나 기록은 역사가 아닙니다. 정의롭고 올바른 마음의 소유자가 사실대로 기록했을 때 정의로운 역사라 말할 수 있습니다.

　특히 역사는 권력을 가진 자나 힘이 있는 자나 승자의 것이어서는 안 됩니다. 권세를 누리는 힘 있는 자들은 역사를 자신들의 입맛에 맞게 쓰기 때문입니다. 물론 사실을 배척하지 아니한 역사는 예외입니다. 민중의 역사일 때 그 옳고 그름이 판가름 납니다. 힘 있는 자들이 쓴 역사는 또다시 피바람을 몰고 올 뿐 평화는 없습니다. 바로 현재, 일본이 미국을 등에 업고 국제사회에서 노골적으로 군사력을 보유하는 길로 가고 있다는 점입니다.

저자는 1993년 「우키시마호폭침사건」의 비극을 처음 알게 되자 즉시 일본의 최북단 시모키타반도 현지를 답사하고 중앙과 지방의 행정기관에 협조 요청하여 「우키시마호폭침사건」 생존자를 찾아 나섰습니다. 사건의 진상을 추적하며 조사한 세월이 28년입니다. 저자가 추적·조사하면서 뼈에 사무치도록 아픈 순간순간의 고통을 참는 것을 옆에서 지켜보았습니다. 강산이 두 번이나 변하는 동안 선배로서 별 힘이 되지 못하여 미안한 마음 금할 길 없습니다. 다만, 일제침략의 만행을 알기 쉽고 이해하기 쉽게 엮은 이 작은 책의 소중함을 그의 간고한 노력을 통해 알게 되었습니다.

어느 누군가가 내게 '일본에게 배상을 요구할 참입니까?'라고 물었을 때 나는 '아니오!'라고 대답했습니다. 이제라도 일본인이 아시아 피해국 민중 앞에서 진정 어린 참회의 눈물을 흘리기를 바랄 뿐이니 말입니다.

늦게나마 여생을 국가와 사회를 위해 할 일이 무엇인가를 생각할 때에 이르렀음을 느꼈습니다. 우리가 처한 남북분단과 통한의 일제침략사를 그저 부끄러운 역사로만 치부하면 우리는 그 속에서 교훈을 얻지 못합니다.

일본은 지난 수백 년 동안 고귀하고 찬란한 우리 민족의 문화유산을 깡그리 쓸어갔습니다. 이제 일본은 도굴盜掘·강탈強奪·수탈收奪한 문화재를 모두 반환해야 합니다. 한 입으로 두말하지도 말고, 닭 먹고 오리발도 내밀지 말고, 이 책에서도 명백하게 밝히고 있는 만큼 조속한 시일에 우리의 문화재를 완전하게 반환하기를 촉구합니다. 우리 정부와 국민은 그 문화재를 모두 환수해야 합니다.

「일제수탈문화재반환촉구국민운동본부」가 발족을 앞두고 있습니다. 나는 국민과 더불어 이 국민운동본부에 심혈을 기울여 취지에 걸맞게 기반을 닦을 것입니다. 국민 여러분의 많은 관심과 지도를 원하오며 하나 된 힘을 보여주시기 바랍니다.

끝으로 만주 독립군의 혼과 얼이 가득 담긴 이 책을 국민필독서로 추천하며 권장합니다. 감사합니다.

일제수탈문화재반환촉구국민운동본부
이사장 추원용

일본제국주의 대륙침략 원흉30.
침략과 약탈을 국가의 번영의 도구로 삼은 이들은 침략전술과 학살기술을 전하여 가르치며 외국양민강제징용, 난징대학살, 일제관동군731부대 인간생체실험, 세계여성성폭행 종군위안부, 아시아대규모약탈 황금백합작전, 삼광작전, 제노사이드, 방화, 약탈, 강간, 학살, 생매장을 진두지휘했다.

● **고소인告訴人**

갑오동학농민군甲午東學農民軍

의병13도창의군義兵13道倡義軍

중광단重光團

의열단義烈團

의군부義軍府

서로군정서西路軍政署

북로군정서北路軍政署

대한독립군단大韓獨立軍團

대한신민단大韓新民團

국민회군國民會軍

군무도독부軍務都督府

한민회군韓民會軍

광복단光復團

의민단義民團

대한독립단大韓獨立團

대한청년단연합회大韓靑年團聯合會

광복군사령부光復軍司令部

광복군총영光復軍總營

참의부參議府

정의부正義府

일본제국의 대륙침략은 멈춰진 시계가 아니다

신민부新民府

조선공산당만주총국朝鮮共産黨滿洲總局

한족총연합회韓族總聯合會

국민부國民府

광한단光韓團

대한통의부大韓統議府

대한독립군결사대大韓獨立軍決死隊

조선의용대朝鮮義勇隊

한인애국단韓人愛國團

우키시마호폭침진상규명회浮島丸爆沈眞相糾明會

3천5백만여 아시아민중 희생자3千5百万亞民衆犧牲者

그들의 이름으로

일본제국日本帝國을 국제사법재판소에 제소한다.

● 피고소인被告訴人

메이지(明治)일왕 무츠히토睦仁

다이쇼(大正)일왕 요시히토嘉仁

쇼와(昭和)일왕 히로히토裕仁

헤이세이(平成)일왕 아키히토明仁

－以上 4名

● **죄명罪名**

조선을 일본에 강제로 병탄한 죄 韓日强制倂呑罪

대륙침략 · 약탈죄 大陸侵略 · 掠奪罪

아시아민중 도륙 · 학살죄 亞細亞民衆屠戮 · 虐殺罪

세계여성 성노예 · 성폭행죄 世界女性 性奴隸 · 性暴行罪

인간생체실험죄 人間生體實驗罪

외국양민 납치죄 外國良民拉致罪

아시아 싹쓸이 약탈죄 黃金百合作戰罪

동양평화 교란 · 파괴죄 東洋平和 攪亂 · 破壞罪

대한역사 왜곡죄 大韓歷史歪曲罪

제소하는 이유에서 밝힌 모든 죄 提訴理由全罪

● **고소 취지 告訴 趣旨**

　일본 침략 · 제국주의의 악독하고 참혹한 만행은 망각과 방치로 치유되는 것이 아니다. 따라서 21세기를 맞이한 인류사회는 인간존중과 더불어 환경보전 · 보존 · 보호에 힘쓰며 인간 사랑을 바탕으로 하는 평화를 건설하고자 문화적 · 친환경적 경제발전을 꾀하고 있으나 일본의 왕은 여전히 침한론을 철폐하지 아니하였고, 전쟁총지휘본부인 대본영을 해체하지 아니하였고, 기미가요와 히노마루를 앞세워 군국주의 재건을 획책하고 있으며, 주변국의 영토가 일본 땅이라고 우겨대는가 하면, 대량살상무기인 원자폭탄 수만 개를

일본제국의 대륙침략은 멈춰진 시계가 아니다

만들 수 있는 플루토늄을 대량 비축하여 지난 세기의 반인륜적 대륙침략을 다시 저지르겠다는 속셈으로 광란적 군사대국화와 침략적 경제력으로 치닫는 것이므로 이를 심히 우려하는 마음으로 이를 철폐·해체하고 이웃나라들과 함께 신동양평화론 완성에 동참하여 실현할 것을 주문하며, 이 시대를 사는 지구촌의 모든 이웃 특히 아시아 민중과 불쌍한 일본 국민들도 자신들의 왕이 어떤 죄를 저질렀는지, 과연 38억여 명 아시아 민중 앞에서 반성과 사죄는 하였는지, 과연 전쟁범죄에 대한 대가는 지불했는지, 과연 참회의 눈물은 흘렸는지를 알아야 지난날의 참혹하고 끔찍했던 침략전쟁의 재발을 방지할 수 있다는 것이 이 고소의 취지이다.

● 범죄 사실犯罪事實

정한론征韓論=侵韓論을 앞세워 계획한 순서에 따라 이웃나라 조선과 아시아 대륙을 침략한바 조선침략(1875.09.20~)을 시작으로 청일전쟁(1894~1895), 러일전쟁(1904~1905), 만주침략(1931.9.18.~), 중일전쟁(1937.7.7.~1945.8.15.), 한일강제병탄韓日強制倂吞, 2차세계대전·태평양전쟁(1941.12.8.~1945.8.15)과 같이 일련의 침략전쟁을 감행한 사실이 있고, 침략전쟁 감행 때 아래 제소 이유에 쓴 반인류·인류적, 국제법적 범죄가 있다.

🔴 제소일提訴日

환기 9216년 3월 1일/ 단기 4352년 3월 1일/ 서기 2019년 3월 1일
桓紀 9216年 3月 1日/ 檀紀 4352年 3月 1日/ 西紀 2019年 3月 1日

일본제국이 항복하기 직전인 1945년 8월 13일, 대본영 궁내성 대신은 예민한 성격의 황실문서는 전부 소각하라고 명령했다. 외무성, 해군성, 육군성 그리고 육군과 해군의 사령부에도 똑같은 명령을 하달했다. 일본 전범 혐의자 재판에서 증거로 활용할 수 있는 자료를 없애기 위해 이러한 명령을 철저하게 수행했다. 그렇다 하여 앞으로 이 책에서 나열될 4대에 걸친 일본 천황들의 침략전쟁범죄가 소멸되는 것이 아니다. 어떤 이유에서든 이들은 처형대상에서 제외될 수 없으므로 마땅히 국제법적 재판을 받아야 한다. 그야말로 전쟁과 살상과 파괴는 인간의 보편적인 삶의 가치와 행복의 범주에서 제외되기 때문이다.

— 필자

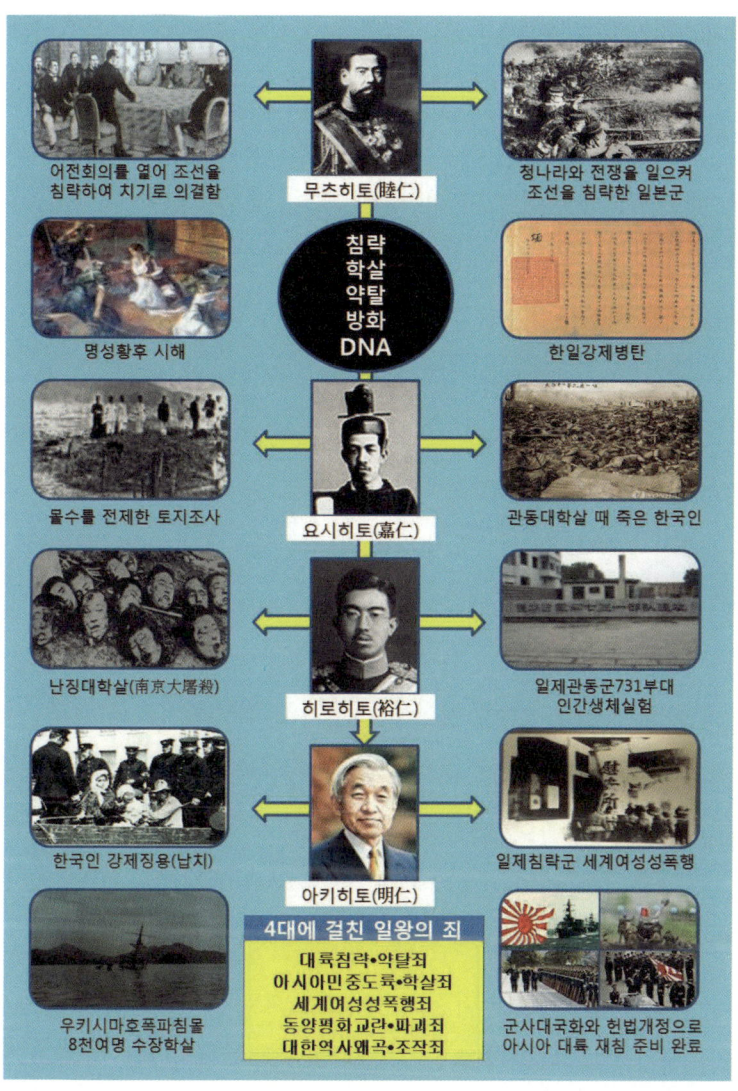

4대에 걸친 일본제국 왕들의 대륙침략전쟁범죄. 이들은 대본영 군통수권자로서 국제전범재판소가 나치전범에 선고한 A급 전범에 해당한다. 이들은 아시아 민중 앞에서 참회의 눈물을 흘리지 않았다. 오히려 호시탐탐 대륙재침을 노리며 플루토늄을 대량으로 비축하였고, 군사대국화를 달성하였으며, 평화헌법을 침략헌법으로 전환하고자 고심하고 있다.

● 제소하는 이유提訴理由

아시아대륙의 동쪽 바다에 떠있는 일본제국日本帝國은 사무라이 칼잡이들의 집권체제가 예나 지금이나 이어지는 나라이다. 지금도 환국, 배달, 조선, 부여, 고구려, 발해, 고려, 조선, 대한민국으로 이어진 동이족 사람들이 살아온 대륙의 동쪽에 있어 동해東海라 부르는 것을 얄팍한 역사 인식으로 일본해日本海라고 우기는 것은 침략과 약탈을 국가 번영의 도구로 삼아온 그들의 속셈을 역력하게 드러내 보이는 대목이다. 그들의 침략야욕은 멈출 줄 모르는 황야의 시체사냥꾼인 줄무늬하이에나욱일기=해상자위대기와 다를 바 없다.

대륙과 한반도의 삼국시대부터 연해沿海를 무대로 출현出現한 왜구倭寇의 약탈이 3·1독립운동 1백 년이 지난 2019년 현재까지 계속되고 있는바 바로 독도영유권獨島領有權 주장이다. 2019년 현재 일본 총리 아베 신조安倍晋三가 정치적으로 자국민들의 인기를 끄는 것은 침략헌법으로 전환, 침략군사행동 개시, 독도 영유권 우기기 등 강경침략強硬侵略 일변도一邊倒이기 때문이다.

그런 일본제국의 왕으로서 메이지明治 일왕인 오무로 무츠히토大室睦仁와 그의 소실에서 태어난 다이쇼大正 일왕인 요시히토嘉仁와 그의 아들인 쇼와昭和 일왕인 미치노미야 히로히토迪宮裕仁 그리고 그의 아들인 헤이세이平成 일왕인 쓰구 아키히토繼明仁의 4대에 걸친 이 이누노히토(무츠히토→요시히토→히로히토→아키히토)들은 그 선조들이 한반도의 삼국시대 이래 왜구와 왜란으로 백의민족이자 평화

일본제국의 대륙침략은 멈춰진 시계가 아니다

1894년 청일전쟁을 일으키고 전세가 유리하자 히로시마에서 무츠히토 일왕이 직접 나서서 조선을 치자는 어전회의를 주관하여 전쟁총지휘본부인 대본영을 설치할 것을 의결함(左). 어전회의에서 의결한 대로 조선을 치자고 분탕질하는 사이고 다카모리(右).

민족인 우리 민족을 괴롭히고 영토와 문화를 약탈한 자들의 후손이며, 일본의 신성불가침 국가원수이자 군의 최고통수권자였고, 국가권력의 총괄자로서 절대군주로 이어져 내려왔다.

그런 일왕의 하수인이며 사무라이 맹종자인 요시다 쇼인吉田松陰이 작성한 정한론征韓論을 기도 다카요시木戶孝允가 더 치밀·간악하게 보충하여 내놓은 침한론侵韓論을 메이지정권이 각료회의에서 채택·의결했다. 메이지정권 출범 당시 이미 일본 전역에 전통으로 이어져 내려오는 칼잡이 사무라이들이 우글거려 이들이 나약하고 불량한 소년 일왕 무츠히토의 정권을 전복顚覆할 수 있다는 불안감에서 메이지 일왕 무츠히토의 군사를 담당하던 사이고 다카모리西鄕隆盛가 이 칼잡이들로 하여금 조선을 침략·점령·지배하자고 분탕焚蕩질을 쳤고 무츠히토는 어전회의를 열어 이를 승인했다.

이때 조선을 치는 과정에서 죽는 자는 일왕의 충신忠臣으로 일본 본국에서 위령하고, 죽지 않고 살아 있는 자는 계속해서 조선을 점

왜구들이 연해에 출현하여 마구잡이로 해적질함. 이 왜구들은 일본 정부로서도 어쩔 수 없다는 식이었다. 농민, 부녀자, 어린이 납치와 농수산물, 문화재, 귀중품 등 가져갈 수 있는 건 무엇이든 가리지 않았다.

령·지배하도록 하자는 계략의 침한론侵韓論을 실전實戰으로 개시코자 그 전략을 기획·감행했다.

 이들이 바로 아시아대륙 침략과 약탈과 동양평화 교란·파괴를 저지른 원흉인바 이 일왕들이 일삼아 저지른 반인륜적이며 대역적 죄인 인류모반죄人類謀反罪에 해당한다.

 1868년 1월 2일 정한론征韓論을 개작·채택한 행위에서부터 시작하여 1945년까지 8백20만여 명의 조선인 남녀노소를 닥치는 대로 납치拉致하여 억압하다가 학살虐殺하였고, 3천5백만여 명이 훨씬 넘는 아시아 민중에게 착검된 소총으로 난사하고 기총소사機銃掃射하여 비질하듯 쓸어내고, 혹은 죽창으로, 혹은 작두로, 혹은 독가스로, 혹은 독약으로, 혹은 기름을 뿌려 불사르고, 혹은 강물에 수장하고, 혹은 갱도에 생매장하고, 혹은 산 채로 부검하고, 혹은 강간·윤간輪姦하고, 혹은 전염병균을 먹이거나 감염시켜 병사病死케 한 사실이 지금도 가는 곳곳마다 원형 그대로 남아있다.

 이들 일왕은 여전히 패권·침략·제국霸權侵略帝國이라는 삼침탕三

메이지 일왕 무츠히토의 주변을 맴돌던 침략 칼잡이들

沈湯을 먹으며 영광과 탐욕의 혼합주混合酒에 취해 있기를 126대손에 이른다. 이 일왕들은 도쿄 상공을 활공하는 큰부리까마귀를 잡아먹은 탓에 백제의 아직기阿直岐박사와 왕인王仁박사가 전해준 고귀한 선진문물과 문화와 예절을 까맣게 잊고 말았다.

 일본의 명치유신정권이 이웃나라 조선을 침략·정복하여 그 영토와 부와 자원을 약탈하려 한 정한론征韓論=侵略論은 1853년 미국의 통상압력으로 당한 꼴을 그대로 조선에 적용했다. 정한론은 요시다 쇼인吉田松陰, 기도 다카요시木戸孝允, 사이고 다카모리西鄕隆盛 등 군국주의자들의 손을 거치면서 구체화되었고 후쿠자와 유키치福澤諭吉가 한일병탄韓日倂呑을 주장하여 침략과 정복의 목표를 달성하게 되었다.

 하여 그들은 1869년에는 조선을 정탐한 모리야마 시게루森山茂의 보고서에서부터 조선을 불구대천不俱戴天의 원수·도적으로 점찍어 놓고 구체적으로 침략계획을 세워 차근차근 감행했는데 10개 대대는 조선 강화부로 가서 즉시 왕성을 공격하되 대장이 이를 통솔토록 하였다. 한편, 소장 1인은 6개 대대를 이끌고 경상, 전라, 충청 3도로 진격토록 하였고, 소장 1인은 4개 대대를 이끌고 강원, 경기로 진격하였으며, 또 다른 소장은 10개 대대를 이끌고 압록강을 거슬러 올라가 함경, 평안, 황해 3도로 침략하여 불과 50일 만에 조선의 국왕을 포로로 삼으려는 전략을 완료했다.

이어 1875년 9월 20일 운요호雲揚丸를 강화도 앞바다에 불법 기착寄着하고 조선군이 먼저 발포했다고 자작극을 벌인 다음 초지진과 영종진을 무단 침입하여 수병과 양민을 무참히 학살했다.

이날 강화 성내의 건물과 민가를 불태우고 조선 민간의 재화를 약탈하여 운양호에 싣고 돌아갔다. 뒤이어 11월에는 부산 왜관에서 무장한 일본 군인이 총검을 휘둘러 조선인 12명을 살해했다. 이렇게 조선을 침략하려는 구실을 일왕이 직접 조작해 놓고 이를 트집으로 삼아 1876년 2월 26일「강화도불평등조약」(조일수호조규)을 강제로 체결하여 조선 조정의 의사와 관계없이 강압으로 부산, 인천, 원산을 개항케 하여 침략의 발판으로 삼았다. 이는 1853년 미국의 통상압력으로 당한 그 모양새를 그대로 조선에 적용한 것이다.

이들의 침략 수순은 멈추지 않았다. 1876년 사이고 다카모리가 최종 보완·조작한 침한론을 앞세워 군함 2척, 운송선 3척에 4백여 명의 군사를 거느리고 다시 침략해 이름하여「강화도불평등조약」으로 조선의 치안주권治安主權을 무시하는 규정을 제 놈들 멋대로 정하고

강화도 초지진江華島草芝鎭 : 조선 효종 7년(1656년) 외적의 침입을 막으려고 구축한 요새要塞.

자기들의 병영 설치 수선비까지도 조선 조정에 부담시키는 횡포를 부렸다. 또한, 조선의 연해沿海, 도서島嶼, 암초暗礁를 함부로 측량하여 침략용 군사지도를 만들고는 불법적이며 방자스런 행동으로 부산, 원산, 인천항을 이용해 쌀과 콩 등의 곡물을 대량으로 약탈했으니 왜구들의 마적·해적죄에 해당한다.

고종황제가 허락하지 않았음에도 불구하고 조선의 영토를 대륙침략의 발판으로 삼았으니 그 행위 자체가 침략범죄이며, 1882년에는 고구려의 광개토태왕 비문을 정으로 쪼아 글자를 변조한 행위 역시 역사왜곡죄에 해당한다. 1885년 4월 18일에는 청국의 이홍장과 일

일왕은 부하들(경찰, 헌병, 군인)에게 조선인에 대해서 즉결처분권을 부여했다. 하여 가는 곳마다 조선 의병과 농민을 학살하고 돌아서 나오는 일왕의 부하들.

본의 이토 히로부미伊藤博文가 천진조약天津條約을 맺어 조선에 군대를 보내 제 놈들이 전쟁하겠다는 문제를 제 놈들 멋대로 규정하고 조선 침략의 간계奸計를 꾸민 행위 또한 만고萬古의 역적질이다.

계속해서 일본제국은 천우협天佑俠이라는 스파이조직을 조선에 대거 침투시켜 조선의 왕실과 정세를 정탐하여 보고토록 하고 조선사회 혼란을 조장한 간첩파견죄間諜派遣罪가 생생하게 기록되어 있다.

1890년 3월 일본 수상 야마가타 아리토모山縣有朋는 취임 후 첫 번째 시정연설에서 주권선主權線과 이익선利益線을 운운云云하였으며, 1896년 5월에 이르러 러시아 로마노프왕조의 마지막 황제 니콜라이 2세 대관식에 참석한 야마가타 아리토모山縣有朋가 러시아 외무대신 로바노프 로스토프스키(LobanovRostovskii)에게 경악할 제의를 했다. 바로 '북위 38도선'을 경계로 한반도를 일본과 러시아가 사과를 반으로 자르듯 조각내어 나누어 먹자는 제의였다. 사상 최초로 일

척왜斥倭의 깃발 아래 일제의 총칼에 맞서 싸운 조선 동학농민군과 백성을 일왕의 부하들이 명태 덕장처럼 만들어 목을 매 무참하게 교살絞殺함.

본제국이 착안한 한반도 분단 음모로 일단 잘라놓고 러시아와 전쟁을 일으켜 독차지하겠다는 속셈이었다. 그것이 바로 청일전쟁에 이은 러일전쟁이다.

　이렇게 조선과 대륙침략을 노골화한 계획은 선대先代 일왕들의 습관성 노략질을 그대로 답습한 것으로 그처럼 위험하게 자라난 침략아이들이 수천, 수만에 이르렀다.

　말할 것도 없이 이 침략아이들은 1894년 갑오년 11월 10일에 경북 하동에서 조선동학농민군朝鮮東學農民軍 186명을 살해하였고, 11월 18일에 충남 천안시 목천면 세성산에서 농민 1천여 명에게 기관총을 난사하여 7백여 명을 죽이고 홍성, 해미, 공주, 부여까지 쫓아다니며 농민을 학살한 흔적이 높은 하늘과 넓은 땅에 이글거렸으니 이로써 본 판관判官은 외국농민학살죄外國農民虐殺罪를 선고宣告한다.

　금강을 건너 전라도로 넘어간 왜병倭兵들은 전주와 정읍을 거쳐 해

일왕의 부하들은 일상적으로 학살현장에서 작두로 자른 사람의 머리를 길 위에 나란히 정렬했다.

남, 완도까지 농민군을 추격하여 의도적으로 학살한 추격·살해한 죄가 성립되고, 섬으로 피신한 농민을 무참하게 죽이고 섬 주민까지 강간·학살하고 재물을 약탈한 강도·약탈·살인은 왜구의 습성을 그대로 드러낸 것임을 밝힌다.

  같은 해 11월 19일에는 강원도 홍천군 서석면 자작고개에서 1천여 명의 동학농민을 학살한 살인죄, 11월 25일에는 경남 곤양 금오산에서 70여 명을 학살한 농민살인죄, 12월 7일에는 충남 공주 우금치에서 헤아릴 수 없는 농민을 학살하여 피가 계곡물이 될 정도로 사람을 죽인 기관총대량학살죄, 충남 신탄진에서 1백여 명, 전북 진안군 정천면에서 기관총을 난사하여 수백 명, 전남 순천에서 150여 명을, 강진에서 1백70여 명을, 장흥 자오현에서 수백 명을 학살한 피 묻은 이빨로 물어뜯은 승냥이 농민학살죄, 충남 태안군 근흥면 수룡리 토성산吐城山에서 272명의 양민을 학살하고 O철제, O환제, O용근, O용정, O성천, O성묵을 작두로 목을 잘라 처형한 쇠여물작두살인죄, 작두로 목을 잘라 그의 집 추녀 끝에 매달아 사람을 돼지고기 취급한 인간푸줏간설치죄, 태안 북부대장 이치O의 목을 작두로 잘라 장대 끝에 매달고 원북면 방갈리까지 50여 리를 효수梟首한 작두단두 장대효수죄, 이렇게 조선의 농민 15만여 명을 학살한 천인공로할 천둥번개날벼락죄, 청일전쟁을 도발하여 조선을 전쟁터로 삼은 노략침노죄, 같은 해 11월 22일 중국 요녕성 뤼순旅順을 점령하고 뤼순 시내에서 중국 인민과 포로 약 6만여 명을 학살하고 시가지에 불을 지르는 만행을 저지른 민가방화 인간학살만행죄도 아울러 선고宣告한다.

이때부터 일왕들의 뇌조직腦組織 속에는 광견병 바이러스와 일본뇌염모기 바이러스가 우글거리기 시작했고, 폐에는 약 6만 마리의 폐디스토마가 꿈틀거리며 자라고, 간에는 15만 마리의 간디스토마가 이미 성충成蟲이 되어 알을 깔겨대고 있었고, 콩팥에는 매독균이 스멀스멀 기어 다녔고, 심장에는 줄무늬하이에나털이 성큼성큼 북적북적 돋아나기 시작했다는 소문이 아시아의 민중에게서 회자膾炙되었다 하니 사실을 알고 보면 과연 그런 옘뼝염병:장티푸스할 지랄병 때문에 그럴만한 침략과 학살로 이어졌을 것인즉 일본제국의 법정용어法廷用語를 써서 지랄병치료태만죄로 다스리겠다.

무츠히토가 어전회의에서 의결하여 설치한 일본제국 침략전쟁 총지휘본부인 대본영大本營의 지령에 따라 일왕의 심복인 미우라 고로三浦梧樓 놈이 앞장서서 칼질하면서 지휘하고 경찰과 낭인배 일당을 히젠도肥前刀로 무장시켜 1895년 10월 8일 새벽 조선 궁성으로 난

일왕의 부하가 조선 국모를 시해한 칼 히젠도肥前刀. -인터넷에서 꺼냄. 일왕의 부하들은 조선 민족지도자들의 입, 코, 귀를 베내는 고문과 학살을 일과로 삼았다. 얼굴 사진은 젊은 미우라와 늙은 미우라이다. 늙어서도 칼을 놓지 못하는 미우라 고로는 천성天性이 살인마로서 조선 국모를 "이 칼로 베었어!"라 자랑하며 일생을 화려하고 위대하게 마쳤다는 소문이 자자하다.

입하여 명성황후를 시해토록 지령한 조선국모살해명령죄는 무츠히토에게 직접 적용되는 죄임을 선고宣告한다.

이날 궁내부 대신 이경식이 일본인 폭한暴漢을 제지하자 왜병이 즉각 총을 쏴 머리에 관통상을 입히고 칼로 오른쪽 어깨를 내려쳐 살해한바 총칼로 난도질한 이중살해죄에 해당한다. 황후처럼 보이는 내명부內命婦 세 명을 칼로 베어 살해한 코부라 독사보다 더 지독한 악독살해죄, 상궁과 태자를 데려다 3명의 시신이 황후인지 여부를 확인시킨 살모사殺母蛇보다 더 독하고 전갈보다 더 악랄하게 물어뜯은 살인죄, 증거를 인멸한답시고 시해한 조선의 황후 시신에 기름을 붓고 불에 태워 야산에 방치한 사체유기죄, 불에 태운 시신을 우물에 넣어버린 시신유기죄, 우물에 넣었던 시신을 다시 꺼내 또 태워 야산에 방치한 이중유기죄, 명성황후 시해弑害 만행이 국제법 위반 또는 외교에 영향을 미칠 것을 우려하여 범죄행위를 은폐하려고 치밀한 작전을 펼친 증거인멸죄, 명성황후 시해弑害 현장에 고종 황태자와 미국인 교관 다이, 러시아인 기사 사바틴, 그 밖에 많은 조선 백성이 있어 진상을 낱낱이 목격하여 국내외는 물론 국제적으로도 자세히 알게 된 이 만행을 저지른 미우라 외 48명을 히로시마廣島 감옥에 형식적으로 가뒀을 뿐 처벌하기는커녕 증거가 불충분하다고 석방한 점박이하이에나만도 못하여 피 묻은 이빨을 닦지 아니한 점박이하이에나수법은 그 어떤 형용사나 수식어도 필요하지 않는다는 점에서 옥황상제님께 고하여 그 죄를 다스리도록 하겠다.

이 같은 침략살인만행을 조선의 정변政變이라 위장하려고 보고서를 허위로 작성하여 외교를 기만한 죄, 의병과 독립군을 일왕의 의사대로 처형하고 탄압한 죄, 농민과 독립운동가, 애국지사, 민족주의자들을 참혹하게 고문하면서 입과 코와 귀를 도려 베내면서 조선 사람들을 생선처럼 잘게잘게 회를 떴잖은가 말이다.

조선의 국권을 침탈할 목적을 확실하게 달성할 것을 내각에서 의결했으니 이 또한 천인공로할 외국국권강탈죄이다. 1903년 12월 30일 일제 각의가 조선을 침략하려고 도단적으로 대한방침對韓方針을 의결한 행위와 1904년 2월 6일 조선 땅에서 러일전쟁을 일으킴과 동시에 미리 편성한 조선임시파견대 5개 대대를 급파하여 진주시켜 군사강점한 백수광포무뢰한죄百獸狂暴無賴漢罪는 무엇으로 어떻게 씻으려 하는가! 조선의 궁궐·조선군 병영·학교·관청·조선

일본 제국 내각총리대신 가츠라 타로 / 미국 육군장관 윌리엄 하워드 태프트
일명 "가츠라-태프트 밀약"의 미·일 양국 당사자

인의 집을 탈취하여 침략해온 일본군의 병영으로 무단 징발徵發한 마적죄馬賊罪는 일왕 부하들의 습관성·태생성·유전성이니 그 죄명을 짓기가 참으로 곤란지경으로 판관判官 여러분의 치밀한 검토를 요청한다.

1904년 2월 러시아와 전쟁을 시작해 놓고 일왕의 군대로 한성漢城을 침략하고는 조선 황실과 국토를 보호하여 조선의 독립을 영구하도록 하려는 의거義擧라는 상투적인 거짓부렁으로 고종황제를 기만한 죄가 있고, 선전포고 이틀 전부터 러시아를 공격하여 전쟁을 저질러 놓고 공수동맹攻守同盟이랍시고 조선을 일왕의 세력권에 넣으려고 「한일의정서韓日議定書」로 협력을 강요·협박한 죄가 있고, 이때 조선 황실의 탁지부대신 이용익李容翊을 왜국으로 납치한 죄 또한 명백하게 성립된다고 하겠다.

조선침략 전략을 구체적으로 확정하고 내정간섭의 구실을 만들 셈으로 일본인을 재정·외교고문으로 채용할 것을 강요하는 「한일의정서」를 강압으로 성립·체결시킨 죄 또한 하늘에서 낱낱이 기억하고 있음이다. 1905년 7월 29일에는 일본제국 내각총리대신 가츠라 타로桂太郎와 미국 육군장관 윌리엄 하워드 태프트가 도쿄에서 만나 일본은 미국의 필리핀 지배를 인정하고 미국은 일본의 조선지배권을 인정한다는 일명「가츠라-태프트 밀약」을 맺고 마치 군고구마 나눠먹듯 침을 꿀꺽이며 침략계획을 세웠으니 가히 두 놈 나라와 두 놈의 양심을 짐작할 만하도다.

　조선의 안전을 지킨다는 전제를 내세우고 이를 빙자하여 조선의 영토를 침략의 발판으로 이용하며 러시아 침략에 대비한 후안무치厚顔無恥한 사기죄와 한일의정서를 핑계 삼아 조선의 통신기관을 일왕의 군대 전용으로 탈취한 화적떼강도죄는 향후 유엔안전보장이사회에서 그 처벌 법안을 준비토록 하겠다.

　평안도, 황해도, 충청도의 서해안에서 삼국시대부터 일왕들의 조

일본제국이 조선을 침략하여 조선의 정치·군사를 약취하여 관장하던 조선통감부 건물. 1906년 2월에 설치했다가 1910년 8월 해산하고 조선총독부로 확대하여 더욱 치밀한 침략의 고삐를 당겼다.

상한테 물려받은 해적질 기술로 조선의 고기를 잡아간 무단해적질 죄無斷海賊行爲罪, 경부·경의선 철도부설권도 일왕의 군대 전용으로 거머쥐고 조선 침략을 노골적으로 본격화한 불한당不汗黨 침략죄 또한 결코 가볍지 않음에 본 법정法廷은 주시注視한다.

같은 해 8월 러일전쟁에서 일본이 유리해지자 내정개선이라는 구실로 외국인용빙협정外國人傭聘協定을 공작한 죄와 소위 「제1차 한일협약」이라고 하는 외국인용빙협정으로 재정, 외교, 군사, 경찰, 학부 등 주요 정책관을 일왕 하수인으로 박아둔 마수와 비할 데 없는 타국정책조작강탈죄他國政策造作强奪罪를 선고한다.

1905년 11월 17일 조선의 황제가 집무하고 있는 경운궁을 포위하고 회담장에 왜군을 들여보내 조선의 대신들을 위협한 공갈협박죄, 조선의 국권을 탈취하려고 각종 협정을 무력·위협과 강압强壓으로 하고 특히 「을사5늑약」을 체결한 후랑말코(주인의 말을 듣지 않는 말) 같은 강도조약죄, 일본 정부는 동경에 있는 외무성을 경유하여 조선의 외국에 대한 관계 및 사무를 감리·지휘하며 일본의 외교대표자와 영사가 외국에 체류하는 조선인의 신변과 이익을 보호한다고 사기를 친 죄, 일왕 정부는 조선과 타국 사이에 현존하는 조약의 실행을 완수하고 조선 정부는 일왕 정부의 중개를 거치지 않고 국제적 성질을 가진 조약을 절대로 맺을 수 없다고 협박한 죄, 일왕 정부는 조선 황제의 궐하에 1명의 통감을 두어 외교에 관한 사항을 관리하고 조선 황제를 친히 만날 권리를 갖고, 일왕 정부는 조선의 각 개항장과

일본에서 온 미친개. 일본 본토 토종개의 광견병 인자에는 대륙 침략 바이러스가 감염되어 치료가 불가능하다.〈역사신문〉

필요한 지역에 이사관을 둘 권리를 착취하고, 이사관은 통감의 지휘하에 종래 재조선일본영사에게 속하던 일체의 직권을 집행하고 협약의 실행에 필요한 일체의 사무를 맡긴다는 헛소리는 김밥 옆구리 터지는 허탈죄에 해당함을 선고한다.

　일왕 나라와 조선 사이의 조약 및 약속은 본 협약에 저촉되지 않는 한 그 효력이 계속되어야 한다고 협박한 공갈협박죄와 일왕 정부는 조선 황실의 안녕과 존엄의 유지를 보증한다고 괴변怪變을 선포한 사실날조죄 그리고 불법으로 조선 땅에 통감부를 설치한 죄는 못된 송아지 엉덩이에서 뿔난다는 노리끼리한 싹수 난동죄로 다스리겠다. 일왕의 지령으로 조선에 통감부를 설치하고 일왕의 부하인 통감에게 조선의 외교권뿐만 아니라 내정권까지 장악하라고 명령한 강도선동지령죄, 이렇게 틈만 나면 조선 땅을 넘보는 일왕 나라와 백성들이 어찌 왜적倭敵이 아니겠는가 생각하면 4대에 걸친 일왕들이 제 나라 백성들에게 조선을 침략하라고 꼬드기며 도적·산적·화적·해적·마적·떼적으로 교육하고 양성하였으니 얼마나 야만적이고 어리석고 불쌍한 짓인가 일깨우면서, 일왕이 직접 임명한 조선통감 이토 히로부미伊藤博文는 이즈미和泉라는 배를 몰고 인천항으로 와 침략해왔으니 해적임에 틀림없고, 조선 의병을 닥치는 대로 학살하고 문화재와 토지를 약탈하였으니 화적임에 확실하고, 양녀養女와 애첩愛妾을 짬뽕한 계집을 껴안고 뒹굴며 친일세력을 조종한 간신도적이니 해적·화적·마적·도적에 해당하는 죄명은 일단 국제전범재판소에서 명시하라고 권고해 놓겠다.

　일왕의 부하인 이토가 조선 땅에서 자행한 만행을 잘 알고 있겠지만 여기서 짚고 넘어가야겠는데 경운궁을 덕수궁으로 명칭을 바꿔 고종황제를 유폐幽閉하였고, 순종황제를 허수아비로 만들어 창덕궁에 안치시켰고, 고종황제가 가장 귀여워하고 장래가 촉망되었던 은垠왕자를 일왕 나라에 인질로 끌어간 일이 분명한데 이 죄는 환태평양지진대環太平洋地震帶 지하에서 기다리는 마그마가 곧 도쿄 지상 황궁황실皇宮皇室로 올라와 죄명을 붙일 것이니 그리 알기 바란다. 또한, 일왕 부하 이토 히로부미는 조선 국왕의 외교권을 박탈하고 미국, 청국, 프랑스, 독일, 이태리 등 조선 땅에 있는 각국의 공사관을 폐쇄했으니 그야말로 건방떤죄에 해당함을 단죄한다.

전쟁총지휘본부인 대본영 권좌에서 조선식민통치와 대륙침략전술 회의를 주관하는 히로히토. 이처럼 히로히토는 '침략총지휘자'였다.

    조선 전국에 왜놈 경찰서장, 왜놈 군인, 왜놈 부대장에게 선참후보先斬後報 즉결처분권卽決處分權을 주고 의병義兵을 현장에서 학살 또는 척살·교살토록 하였는바 수사搜査한다는 명분으로 처분할 때마다 부녀자를 성폭행하거나 재물을 빼앗는 일이 부지기수였으니 화적·도적·학살죄가 아니라면 무엇과 비교하여 처벌할 것인지는 함무라비법전의 형법을 참조參照토록 하겠다.

    이토는 1909년 6월 14일 대륙침략의 야욕을 품고 통감직을 내놨으니 이때부터 본격적으로 동양평화를 교란하고 파괴하기 시작하였는데, 일왕 네 명과 이토 히로부미는 아시아 민중의 철천지원수徹

고종황제 강제 퇴위.

天之怨讐이니 후지산 활화산에서 그침 없이 터져 흘러내리는 마그마를 덮어씌워 처형함이 마땅하므로 이 법정에서 마그마형벌죄鎔嚴刑罰罪를 적용한다.

1907년 4월 의정부 참찬 이상설과 평리원 검사 이준을 네덜란드 헤이그에서 열리는 제2차 만국평화회의萬國平和會議에 파견하여 을사늑약이 조선 황제의 뜻이 아니라 총칼로 무장한 일왕 부하들의 강압으로 체결된 것임을 알리려 한 정당한 외교를 방해공작한 외교훼방죄外交毁謗罪, 이때 고종황제를 감금하다시피 한 외국 국왕감금죄, 이때 제 놈들이 하수인 이토 히로부미伊藤博文를 시켜 고종황제를 강제로 퇴위토록 하라고 지시한 고종황제모독죄高宗皇帝冒瀆罪, 조선군대를 강제로 해산시킨 마적죄는 그 어떤 법률도 적용할 필요 없이 단죄한다.

같은 정미년(1907) 7월 24일 밭갈이 하던 소牛가 알면 한바탕 웃어제칠 일곱 조약을 맺은바 그 내용으로 조선정부는 ① 시정施政의 개선에 대하여는 조선통감의 지도를 받아야 할 것, ② 조선정부가 법령을 제정하는 건과 주요 행정처분에 관하여는 사전에 조선통감의 동의를 얻을 것, ③ 조선은 사법 사무와 행정 사무를 구분하여 처리할 것, ④ 조선 정부의 고관대작을 임면할 때 조선통감의 동의가 선결 조건일 것, ⑤ 조선은 한국통감이 추천하는 일본제국의 신민을 조선의 각료로 중용할 것, ⑥ 조선은 조선통감의 동의 없이 함부로 외국인을 관료로 임용하지 말 것, ⑦ 을사늑약 때 조인한 한일외국인고문용빙韓日外國人顧問傭聘에 관한 협정서의 제1항의 효력을 즉시 정지시킬 것으로 광견병에 걸린 개처럼 지랄을 부린 광견마도도적죄狂犬馬刀盜敵罪는 유엔이 추천하는 판관判官 판결로 넘기겠다.

언론탄압 또한 심각하다. 일왕의 경찰과 군대를 동원하여 신문지법으로 언론을 탄압하고 집회와 결사의 자유를 박탈하는 시건방까지 떨었으니 충분히 북극흰여우노략질죄에 해당한다.

같은 해 7월 21일 일제는 각의에서 조선침략군을 지원할 병력으로 1개 혼성여단을 파견하기로 결정하고 감행한 침략군파견죄, 같은 해 7월 22일 새벽 침략군 보병 제51연대의 1개 대대를 왕궁으로 잠입시켜 주요 황제 지지자들을 모두 체포하고 구금한 죄, 같은 해 7월 22일 조선의 고종황제를 강제 퇴위시키고 황제를 능멸한 죄, 같은 해 7월 31일 조선군대를 해산시킬 목적으로 고종황제의 조칙이랍시고 일왕의 부하 이토 자신이 초안하여 조선어로 번역하여 발표케 한 조칙 위조죄, 조선 정부 조직 개편과 재정권을 강탈하는 60개에 달하는 법령을 새로 조·개작하여 이에 대한 고종황제의 이름자 재가 서명을 통감부 문서과 직원이 대신 써 위조하도록 방치하고 조종한 죄, 일본제국 일왕이 조선을 침략하여 제국주의적 팽창을 정당화하고 조선을 식민지로 하려는 데에 대항하여 일제를 우리 땅에서 몰아내려는 조선의 의병義兵을 폭도暴徒, 반도叛徒, 토비土匪, 비도匪徒, 이도異徒라고 하면서 한반도 남부지방 대학살작전을 지령하여 조선 의병과 백성 남녀노소 15만여 명을 학살한바 의병을 학살할 때 이른바 「삼광작전三光作戰」으로 모조리 죽이고, 모조리 불사르고, 모조리 약탈한 살인방화약탈죄는 염라대왕 관저官邸의 정문에 매어둔 흡혈귀판관吸血鬼判官이 선고토록 권고勸告한다.

 조선항일의병朝鮮抗日義兵을 체포하여 끓는 물에 삶아 죽인 열탕살해죄熱湯殺害罪, 의병장의 부인 음부에 숯불을 넣어 태워 죽인 인간쓰레기 잡것죄, 해산이 가까워 방에 누워 기다리는 여인의 배를 가른 미친개도 못할 모자동시살해죄母子同時殺害罪, 청주에서 제천까지 마을마다 민가 방화, 살상과 겁탈, 가축도살, 재물약탈을 일삼은 화적죄 등을 심의審議해 보니 이때부터 일왕의 어금니는 줄무늬하이에

1906년 만주 용정에 민족지도자 이상설李相卨, 여준呂準, 정순만鄭淳萬, 이동녕李東寧, 박정서朴楨瑞, 김우용金禹鏞, 황달영黃達永 선생들께서 세운 근대민족교육기관인 서전서숙瑞甸書塾 옛터. 용정3.13의사 기념사업회 최근갑 회장과 필자.

나의 턱뼈보다 더 강하여 당할 자가 없어 먼저 하늘에 계신 옥황상제님께 고한 다음에 공평원칙公平原則을 적용한 함무라비 법령에 따라 선고토록 하겠다.

  1908년 중국 용정에 있는 민족학교 서전서숙瑞甸書塾을 강탈한 타국교육기관강탈죄他國敎育機關强奪罪는 일단 청나라와 협의하여 판결하겠다. 1909년 7월 12일 소위 기유각서己酉覺書를 강압적으로 조인케 하였으니 조선의 사법과 감옥의 사무가 완비되었다고 인정될 때까

사진 왼쪽부터 ① 뤼순감옥 울타리 안에 있는 사형장. ② 목을 매 처형하는 교수형 시설. 한 번에 세 명을 달아맬 수 있도록 올가미 세 개를 설치함. 목숨이 끊어진 뒤에 줄을 풀면 아래쪽으로 보이는 나무통 속으로 떨어져 담기도록 하였고 강직이 생기기 전에 시신을 구겨 넣어 인근 야산에 장독대처럼 나란히 놓고 차곡차곡 매립했다. ③ 고문실 고문장비. ④ 중국 요녕성 뤼순감옥 정문.

지 사법과 감옥의 사무를 일왕에게 위탁하라는 사법도적죄, 일왕이 일정한 자격을 갖춘 조선인과 일본인을 조선에 있는 일본재판소와 감옥의 관리로 임명한다는 임명권 탈취죄, 조선에 있는 일본재판소는 협약이나 법령에 특정한 규정이 있는 것을 제외하고 조선에게는 조선의 법령을 적용한다는 거짓부렁식 기만죄, 조선의 지방 관청 및 신료臣僚들은 직무에 따라 사법 및 감옥의 사무에 대하여 조선에 주재한 일왕 부하의 지휘나 명령을 받고 또 그를 보조하도록 한다는 지휘명령권 갈취죄, 일왕은 조선의 감옥에 관한 일체의 경비를 부담하도록 한다며 선심 쓰는 척하는 북극흰여우속임수죄, 이렇게 법부法部와 재판소를 폐지하여 일왕의 사법청司法廳으로 옮겨놓고 조선의 외교권, 경찰권, 사법권 등을 차례로 강탈하였으니 화적, 마적, 해적, 도적에 해당하는 싹쓸이도덕죄로 이 죄도 역시 앞서 전게前揭한 함무라비 형법에 따라 처분한다.

1910년 3월 26일 조선의용군 안중근 참모중장이 중국 뤼순감옥에서 교수형 올가미에 채이기 직전에 이토 히로부미伊藤博文의 15가지 죄를 알렸으나 이를 징벌懲罰하지 아니하고 오히려 우리의 동양 평화 의사를 살해한 동양평화성현살인죄東洋平和聖賢殺害罪는 아시아 민중의 평화행진을 심각하게 훼손하고 지연시킨 중죄에 해당됨을 선고한다.

또한, 이토 히로부미가 일왕의 신하이므로 그 역시 일왕의 죄인바 안중근 의사가 지적하고 시정할 것을 권고한 죄목을 적어보면 '① 조선의 명성황후明星皇后를 시해한 죄, ② 고종황제高宗皇帝를 왕의 자리에서 내친 죄, ③ 을사조약(을사5조약)과 한일신협약(정미7조약)을 강제

일왕의 부하들이 조선의 애국지사, 민족지도자를 집단학살하여 씨를 말리려는 음모를 꾸미고 전국적으로 8백여 명을 무단 연행했다. 일종의 고문으로 머리에 용수를 씌워 누가 누군지 모르게 했다.

조선무단식민통치와 침략전쟁총지휘본부인 대본영의 육해군 핵심 간부 요원들. 일왕은 이들 속에서 조선총독부 총독을 임명하였고, 침략전쟁을 진두지휘토록 했다. 이들은 일왕의 지시에 따라 아시아 민중 학살을 잔인무도하게 진두지휘한 원흉들이다.

로 맺은 죄, ④ 일왕의 부하들이 침략질·노략질 그만하고 당장 물러가라며 독립을 요구하는 무고한 조선인들을 마구 죽인 죄, ⑤ 국권을 강제로 빼앗아 통감 정치 체제로 바꾼 죄, ⑥ 철도, 광산, 산림, 농지 등을 강제로 빼앗은 죄, ⑦ 제일은행권 지폐를 강제로 사용하여 경제를 혼란에 빠뜨린 죄, ⑧ 조선군대를 강제로 해산시킨 죄, ⑨ 민족 교육을 방해한 죄, ⑩ 조선인들의 외국 유학을 금지하고 조선을 식민지로 만든 죄, ⑪ 조선의 역사를 없애고 교과서를 모두 빼앗아 불태워 버린 죄, ⑫ 조선인이 일본인의 보호를 받고자 한다고 세계에 거짓말을 퍼뜨린 죄, ⑬ 현재 조선과 일본 사이에 전쟁이 끊이지 않고 있는데 조선이 아무 탈 없이 편안한 것처럼 제 나라 임금을 속인 죄, ⑭ 대륙을 침략하여 동양의 평화를 깨뜨린 죄, ⑮ 일왕 무츠히토의 아버지를 그 아들 무츠히토와 짜고 죽인 죄'가 성립되며, 동양평화론을 주창한 안중근 의사가 일제에 대해 사죄하고 시정하라는 15가지 사항의 권고를 듣지 아니한 죄, 안중근 의사를 죽임으로써 동양평화 입지立志를 지연시켰을 뿐만 아니라 영구 폐기한 죄는 일본인 양심가良心家들에게 맡겨 처분토록 하겠다.

  1910년 8월 조선의 궁궐을 총칼로 에워싼 죄, 조선 임금의 옥새를 강탈한 죄, 한일병탄조약문을 일방적으로 적은 죄, 강탈한 옥새로 조인하고 한일병탄조약을 강제로 체결한 죄, 한일병탄은 어디까지나 동양평화를 유지하려 한 것으로 도덕적으로나 법적으로 아무런 문제가 없다고 정신이상자처럼 씨부렁대며 기만한 국제문서조작죄國際文書造作罪, 침략에 대해 도덕적 윤리적 책임은 있으나 법적으로는 문제가 없다고 우겨댄 죄, 8월 22일 훔친 옥새를 네놈들 맘대로 네놈들이 쓴 조약문에 찍고 일주일 뒤인 29일 순종황제에게 강제로 선포하게 한 죄, 일왕의 부하 이토 히로부미가 부하에게 시켜서 쓴 한일병탄 조약문을 통해 일왕은 말하기를 '조선 황제 폐하의 나라와 일왕 두 나라 사이에 특별히 친밀한 관계를 고려하여 상호 행복을 증진하며, 동양의 평화를 영구히 확보하자고 하며, 이 목적을 달성하고자 하면 조선을 일본에 합병하는 것이 낫다는 것을 확신하고 이에 두 나라 사이에 병탄조약을 체결하기로 결정하였다'고 위선·위장·개차반을 떨었으니 이는 틀림없이 섭씨 3천도짜리 용

조선총독부 총독들의 무단통치 〈역사신문〉

암(癌)을 한 사발씩 들이켰음일 것이니 동의보감 한방내과에서 냉각소화제 처방을 먼저 한 뒤에 살아남은 자에게만 선고하겠노라!

시간이 많이 소요되어 피곤하므로 지금부터 20분간 휴정(休廷)을 선포한다. 방청석을 가득 메운 사람들이 흡연실과 화장실로 향한다. 이제 20분이 지났으므로 다시 일본제국 육해군통수권자인 일왕의 죄를 살피도록 하겠다.

조선 황제 폐하는 내각총리대신(內閣總理大臣) 이완용(李完用)을, 일왕은 통감(統監)인 자작(子爵) 테라우치 마사다케(寺內正毅)를 각각 그 전권위원(全權委員)으로 임명하는 동시에 그 전권위원들이 공동으로 협의하여 모든 조항들을 체결하게 한다고 위선·위장·개차반을 떤 죄, 조선 황제 폐하는 조선 전체에 관한 일체 통치권을 완전히 또 영구히 일왕에게 넘겨준다고 헛소리를 짖어댄 개구리하품하며 잠꼬대하는 몽상죄夢想罪, 일왕은 앞 조항에 기재된 넘겨준다고 지적한 것을 수락하는 동시에 완전히 조선을 일왕제국에 병탄하는 것을 승낙했다고 헛소리한 죄, 일왕이 조선 황제 폐하, 태황제 폐하, 황태자 전하와 그들의 황후, 황비 및 후손들로 하여금 각각 그 지위에 따라서 적당한 존칭, 위신과 명예를 받도록 하는 동시에 이것을 유지하는 데 충분한 연금을 줄 것을 약속한다고 치고 빠지는 사기죄, 일왕은 앞의 조항 이외에 조선의 황족皇族과 후손에 대하여 각각 상당한 명예와 대우를 받게 하는 동시에 이것을 유지하는 데 필요한 자금을 줄 것을 약속한다고 이빨 빠진 개·여우처럼 후지산 화산폭발소리 만큼이나 짖어대며 뻥깐죄, 일왕은 공로가 있는 조선인으로서 특별히 표창하는 것이 적당하다고 인정되는 경우에 대하여 영예 작위爵位를 주는 동시에 은금恩金을 주겠다고 지나가는 개도 웃을 비아냥거림죄를 모두 포함토록 하고 계속해서 일왕은 앞에 지적된 한일강제병탄의 결과 전 조선의 통치를 담당하며 이 땅에서 시행할 법규를 준수하는 조선인의 신변과 재산을 충분히 보호해주는 동시에 그 복리의 증진을 도모한다고 거짓말한 맹꽁이가 하품할 때 나는 소리를 거침없이 토해낸바 그 죄를 한 다발로 묶어서 조선황제기만죄朝鮮皇帝欺瞞罪로 선고한다.

한일강제병탄조약 체결에 찬성하고 앞장선 민족반역·배신자 다섯 명.

　조선통감부를 조선총독부로 한 발 더 강력 설치하여 식민통치와 수탈을 본격화한 죄, 조약 강제 체결로 조선의 국권을 강탈한 강도죄, 불법과 강도로서 조선을 식민지로 한 불한당죄, 조선의 해외 차관 교섭과 무기구입과 각종 사업들을 방해한 외교훼방죄, 고종황제의 대미외교정책을 방해한 훼방죄, 대학살작전을 세워 항일운동에 나선 의병과 선한 조선 백성 남녀노소를 가리지 않고 무자비하게 학살한 죄는 세척력이 아무리 좋은 비누를 사용한다 해도 씻어지지 않는 죄이다.

　같은 해 12월 안중근 의사의 사촌동생從弟 안명근 외 김홍량, 김구, 최명식, 이승길, 도인권 등 양산학교와 면학회, 신민회를 중심으로 신문화운동에 종사하던 조선민족진영 애국지사 8백여 명에게 대오리 용수를 씌워 무단 검거하여 집단학살하려 했다가 미수에 그쳤으나 이는 처음부터 일명 신민회사건을 조작하고 그 가운데 105명을 기소한 강도모살미수죄強盜謀殺未遂罪에 해당한다. 일왕의 꼭두각시인

서대문형무소에서 애국지사, 독립운동가, 조선 청년과 소녀들을 고문하는 일왕 히로히토의 부하들.

사무라이 칼잡이를 조선총독부 총독으로 보냈으니 개들의 만행도 곧 일왕의 지령에 따른 행동인바 1대 총독 테라우치 마사다케寺內正毅에게는 이토 히로부미의 통감 지위를 이어받아 조선의 입법·행정·군사권을 탈취·장악해 조선의 국권을 탈취하고 초대 조선 총독으로서 무단통치를 실시한 죄를 무겁게 선고한다.

2대 총독 하세가와 요시미치長谷川好道에게는 조선 백성들의 3·1 독립운동을 무자비하게 진압하며 조선인을 닥치는 대로 학살한 민중학살죄와 사전에 치밀하게 책동한 토지조사를 한답시고 좋은 농토만 골라 몰수하여 일본인들에게 나눠주고 조선 농민에게는 토지세를 가중시킨 흡혈귀갈취죄吸血鬼喝取罪와 일왕이 조선 국토의 40%나 되는 전답과 임야를 동양척식주식회사, 후지흥업不二興業, 가타구라片倉, 히가시야마東山, 마세이麻生, 후지이藤井 등의 일본토지회사와

1910년 조선의 국권을 피탈한 일제는 지세의 공정한 부과와 근대적인 토지 소유권 확립을 명분으로 토지조사(1910~1918)를 실시함. 우리 농민의 토지를 국유화하여 다시 일본인에게 분할하는 방식으로 토지를 약탈했다.

조선으로 이주해 온 일본인들에게 무상으로 불하한 전답·임야갈취죄가 있고 토지조사로 소유권, 소작권, 경작권을 박탈하여 조선 농민을 몰락시킨 농민몰락유도죄農民沒落誘導罪를 선고한다.

3대 총독 사이토 마코토齊藤實가 형식상의 문화통치 정책을 추진하여 기존의 강압통치強壓統治에서 회유통치懷柔統治로 돌리면서 교묘하고 조잡하게 조선어를 못 가르치게 하며 조선민족문화말살朝鮮民族文化抹殺을 시도한 죄를 명확하게 선고한다.

4대 총독 야마나시 한조山梨半造는 군 장교 시절부터 돈을 좋아해

배금장군이라는 별명이 붙었는데, 아니나 다를까 소위 야마나시 총독 독직사건에서 5만 원을 받은 사실이 드러나 입건되었던 만큼 매관매직賣官賣職을 일삼은 조선총독부의옥사건朝鮮総督府疑獄事件인 뇌물을 받아 처먹은 죄를 선고한다.

5대 총독 사이토 마코토齊藤實에게는 조선인을 회유한 죄를 선고한다.

6대 총독 우가키 가즈시게宇垣一成에게는 조선어를 가르치지 못하게 하며 민족말살정책을 쓴 죄를 선고한다.

7대 총독 미나미 지로南次郎에게는 내선일체를 주장하고, 국가총동원법, 군수공업동원법, 학도지원병제도 등을 강행하여 강제징용으로 조선청년들을 중일전쟁터로 연행하였으며, 일본어만 사용토록 했으며, 황국신민화 교육을 강화하여 한국인의 성과 이름을 일본식으로 바꿀 것을 강요(창씨개명創氏改名)하고, 황국신민서사를 제정(1937년)하여 어린이들에게 암송토록 하였으며, 전국 곳곳에 신사를 두고 참

조선 어린이들에게 일왕을 섬기라는 황국신민화 교육으로 세뇌하는 일왕의 부하 교사(左). 학교에서 조선 학생들에게 군사훈련을 강요함. 일왕의 대륙침략을 대비한 병력 충당 계책이었다.(右)

군산항을 이용하여 조선의 쌀, 콩, 인삼, 송이버섯 등 곡물과 농수산물을 일본 본토로 빼돌리는 일왕의 부하들.

배를 강요하였고(신사참배神祠參拜), 아침마다 일왕이 거처하는 도쿄를 향해 절을 하도록 강요(궁성요배宮城遙拜)했고, 소학교 명칭을 황국신민학교라는 의미로 국민학교로 명칭을 변경(1941)하는 등으로 타민족 문화 말살정책을 강행한 조선민족말살정책시행죄朝鮮民族抹殺政策施行罪를 선고한다.

  8대 총독 고이소 구니아키小磯國昭에게는 7대 총독 미나미 지로南次郞의 뒤를 이어 17살~21살 조선 청년에게 군사훈련을 강압으로 실시하여 조선을 병참기지화 하였고, 여자정신근로대, 근로보국대, 학도병지원제 등으로 조선인 8백20만여 명을 납치하여 태평양전쟁터로 강제징용·징병·연행·납치한 흡혈박쥐만행죄를 적용하여 징역 3천갑자3千甲子(3,000×60=180,000) 즉, 18만 년에 처한다.

  9대 총독 아베 노부유키阿部信行에게는 전직 총독사들의 무단식민통치 계책을 그대로 이어받으면서 침략전쟁을 계속해서 감행하려고 조선의 땅과 바다와 하늘에 있는 모든 물자와 인력 수탈에 미치

광이였고, 국민의용대를 편성하여 제 놈들한테 협조하지 않는다는 조선인을 대규모 탄압·학살·검거하고 갖가지 만행을 자행한 광견지랄병죄에 대하여 '그 형량은 조사를 더 한 다음에 함무라비 형법을 적용한다'로 선고한다.

  1대 총독 테라우치 마사다케寺內正毅가 개시하여 10년여 동안 자행한 토지조사책동을 좀 더 자세하게 살펴보면 이는 식민지 지배의 본격화로서 식민지 체제 수립과 조선 농민의 토지 약탈과 지세와 식량을 약탈하려는 목적이었던바 조선 농민의 토지를 식민지 통치권력으로 약탈하였고, 소위 국유지를 만들어 조선총독부 소유지로 갈취·개편했고, 조선 땅 안의 광활한 미간지未墾地를 총독부 소유로 약탈했고, 일본 자본기업의 토지점탈에 대비하여 토지소유증명제도를 확립하였고, 지세수입으로 식민통치 조세수입을 확보했고, 일본 상인과 고리대금업자에게 토지점유를 합법화했고, 일본인 이민자에게 토지를 불하하여 지원책을 마련했고, 곡물을 일본으로 빼돌리기 용이하게 제도를 책동한 토지약탈갈취죄, 조선의 관습대로 이어 내려오던 관습상의 경작권을 박탈한 죄, 소작농의 도지권賭地權을 부정한 죄, 조선 농민의 개간권을 갈취·소멸한 죄, 조선 농민의 입회권을 갈취·소멸한 죄, 일왕의 하수인인 군인·헌병·경찰을 동원한 무장조사단을 편성하여 농민의 농경지 13만 정보, 임야와 무주공산 1천3백69만 정보 등 총 1천3백82만 정보를 약탈함으로써 조선 땅의 59.6%를 갈취한 땅두더지죄, 만경강 일대 광활한 김제평

일제가 갈취·약취·약탈한 우리 곡물과 물산과 문화재. 인천항과 군산항, 여수항 등지에서 농수산물, 임산물, 생활용품, 자연물 등 배에 실을 수 있는 물품은 다 실어 가져다 침략용 전쟁무기물자로 썼다. 우리의 장정과 청소년도 공출대상이었다. 조선의 금은 보물은 물론 문화재와 밥그릇까지 싹쓸이하였다. 공출은 조선총독부의 지휘와 일제 군경의 강압·강제로 이뤄졌고 친일파들이 앞장섰다. 쌀과 보리 공출은 우리 농민의 피를 빨아먹는 파렴치함이었다. 흡혈귀도 어이없어 웃고 말았단다.

일본제국의 대륙침략은 멈춰진 시계가 아니다

야의 쌀을 군산항을 통하여 일본으로 빼돌린 미곡도적질죄, 농민의 농지를 갈취하고 식량마저 남김없이 빼앗아 농민의 피를 말린죄, 공출供出이라 이름하여 쌀 · 보리 · 밀 · 대두 · 소두 · 녹두 · 팥 · 밤 · 감 · 대추 · 복숭아 · 피마자 · 낙화생 · 감자 · 고구마 · 백차 · 무화과 · 면화 · 소 · 돼지 · 닭 · 쇠가죽 · 돼지가죽 · 달걀 · 목재 · 장석 · 솔가지 · 목탄 · 송유 · 산나물 · 솔방울 · 관솔 · 옻 · 생선 · 건어물 · 전초 · 해태 · 마포 · 면포 · 건포 · 인견포 · 조선창호지 · 금 · 은 · 백금 · 비녀 · 가락지 · 동 · 놋쇠 · 놋숟가락 · 유기그릇 · 철 · 광석 · 석탄 · 연탄 · 고철물 · 박하 · 반하 · 생강 · 창출 · 백출 · 인삼 · 구기자 · 오미자 · 호도 · 천궁 · 당귀 · 황기 · 백구 · 걸레 등을 약취 · 갈취 · 약탈한 다중근성도벽죄, 1919년 1월 고종황제를 독살한 외국황제독살죄, 1919년 기미년에 들어 조선의 선남선녀들을 집단으로 학살한 집단학살죄, 조선의 독립운동가, 민족사상가, 민족지도자 그

중국 길림성 용정시 합성리 야산에 조성한 3.13반일의사릉.

서대문형무소에 갇힌 조선 소년들.

리고 청소년들을 서대문형무소에 구금하고 참혹하게 고문한 구금고문죄, 3.1독립운동은 비폭력운동이었는데 이미 19사단, 20사단, 해군사령부, 헌병대로 조선 전국을 까맣게 물들이더니 만세운동이 시작되자 정규군 보병 6개 대대, 헌병 65명, 보조헌병 350명을 증파하기로 일왕의 정부 각료회의에서 결정하고 조선 백성 탄압과 무력통치를 군사력으로 자행한 죄, 일왕의 예하 정규군 2만3천 명, 헌병대 7천9백78명, 경찰 5천4백12명, 조선총독부 관리 2만1천3백12명 등 5만7천6백92명으로 탄압을 목적으로 한 무력을 강화한 죄, 조선 전국 곳곳에서 평화적 시위군중에 무차별 발포로 대량학살을 자행한 외국양민대량학살죄, 평안남도 강서군 사천沙川에서 무차별 발포하여 19명을 학살하고 20명을 상하게 한 죄, 3월 3일 황해도 수안遂安에서 18명을 학살한 죄, 3월 10일 평남 맹산孟山에서 헌병대 안뜰에 가둬놓고 무차별 사격으로 54명을 학살하고 13명을 다치게 한 죄, 1919년 3월 13일 중국 만주 용정 서전벌瑞甸大野 반일만세운동에 참가한 3만여 명의 조선인들에게 무차별 발포하여 현장에서 17명을 죽이고 수십 명의 부상자를 낸 총포난사살해죄,-이날 북간도지역 거류 조선인 279,150명 가운데 3만여 명이 서전벌 반일시위에 참가하여 교회당 종소리가 울려 퍼지는 것을 신호로 독립선언포고문을 낭독하는 등의 반일행사를 치렀음. 이날 반일시위에 앞장섰다가 일본군 총칼에 희생된 분들을 3.13의사라 칭함- 충남 천안시 병천면 아우내장터에서 천안철도경비대를 출동시켜 무차별 사격으로 조선 백성 20명을 학살하고 수십 명을 다치게 한 살인상해죄, 아우내만세운동을 주관한 김구응金球應 위원장의 머리를 총개머리로 내려치고 총검으로 찌르고 베어 현장에서 죽인 민족지도자학살죄, 김구응 위원장의 어머니 최 여사를 현장에서 총칼로 학살한 죄, 어린 소녀 유관순을 서대문형무소에 투옥하여 죽게 한 미성년 유괴살인죄未成年者誘拐殺人罪, 조선 소년들을 이유 없이 서대문형무소에 가두고 군사훈련, 고문, 황국신민화 교육한 강압교육죄, 1919년 4월 15일 경기도 화성시 향남읍 제암리교회에서 선량한 마을 신도들을 불태워 죽인 죄, 이때 일왕의 부하 아리타 부대는 발안에 살던 일본인 사사카와 만세운동을 진압하며 너무 심한 매질을 한 것을 사과하려고 왔다고 거짓말하고 제암리 주민 가운데 15세 이상 성인 남자들을 교회로 모이게 한 뒤 미리 명단을 파악한 듯 오지 않은 사람은 찾아가 불러와 어쩌구저쩌구 말하다가 마을 사람들이 교회 밖으로 나오자마자 아리타가 사격 명령을 내렸고, 이에 교회당을 포위하고 있던 군인들이 창문을 통해 안으로 사격하여 사살하고 사격이 끝난 후 시신 위에 짚더미를 놓고 석유를 끼얹어 불을 지른 살인방화강도죄, 탈출하던 제암리 주민 홍씨를 쫓아가 사살한 죄, 집으로 피신했던 주민을 쫓아가 살해한 죄, 마을에 불이 난 것을 보고 달려온 강씨의 아내(19세)와 홍씨의 부인과 고주리 주민 6명을 총으로 쏴 현장에서 죽인 죄, 이 제암리교회 사건 때 안종후를 비롯하여 남자 21명, 여자 2명과 인근 마을 팔탄면 고주리에서 김성렬 등 남자 6명을 학살한 죄, 경기도 수원, 안성지방에서 2백76호의 민가를 불태우고 10여 명을 학살하고 수십 명을 상하게 하고 8백39명을 구속한 화적죄, 경기도 화성군 우정면 화수리 마을 전체를 불태운 마적·화적·떼적죄, 평안북도 정주에서 오산학교와 교회당에 방화하고 조선사람 소행이라고 거짓 선전한 죄, 전주, 익산, 함흥, 안동, 원산, 청주, 진주, 밀양, 남원 등지 교회당, 학교, 민가에서 매우 잔인무도하고 야수·야만적인 만행을 저지른 야수·야만인만행죄, 일왕의 수하로서 총칼과 기관총으로 무장한 군인 경찰 헌병이 4만6천9백48명을 무차별 구속하고 투옥한 평화운동훼방죄平和運動毁謗罪를 선고한다.

　일왕이 하수인 1대 총독에서 9대 총독에 이르기까지 명령하기를 조선의 의병, 독립군, 애국지사, 무고한 백성을 고문하는 수법으로 손발에 수갑을 채우고 코에 물 붓기, 코와 입에 고춧가루 물 붓기, 코와 귀 피부 근육에 비녀 꽂기, 무릎에 몽둥이 끼우기, 손가락에 나무가락 끼우기, 발가벗겨 거꾸로 매달아 흔들어 그네 태우기, 고무

일본 경찰은 자신들의 잘못에 대해 사과한다며 마을 사람들을 제암리교회로 모이라고 했다. 마을 사람들이 교회 안으로 들어가자 기름을 붓고 불을 질렀다. 밖으로 뛰쳐나오는 사람에게 총을 겨눠 발포하였고, 시신을 기름 부은 짚단에 놓고 태우기도 했다.

호스로 배에 물 넣기, 칠성판에 묶기, 관속에 넣고 못질하기, 목관에 넣어 세워놓기, 생매장 위협주기, 머리와 이마 가죽 벗기기, 손발톱 밑을 대바늘로 찌르거나 칼로 도리기, 불에 달군 숯덩이나 쇠꼬챙이로 여성의 음부 쑤시기, 바늘방석 못방석에 굴리기, 쇠갈퀴로 온몸을 긁고 찍기, 송곳 상자에 넣고 흔들고 굴리기, 발가벗기고 음경을 불로 지지기, 인두로 온몸을 지지기, 몽둥이찜질 고문, 냉동고문, 불고문, 물고문, 전기고문, 성고문 등을 지시하고 가르친 고문학살기술교육죄拷問虐殺技術教育罪를 로마제국형법을 적용할 것인즉 전범자 전원은 각자 십자가를 하나씩 메고 지고 부산에서 시베리아와 모스크바를 거쳐 로마까지 걸어가는 것으로 국제전범재판소 판관에게 구형求刑한다.

1907년 7월 24일 통감부가 38조항의 신문지법을 일방적으로 초안하여 공포한 언론협박탄압죄言論脅迫彈壓罪, 한일의정서의 부당함을 보도하려 한 1904년 2월 24일자 한성신문이 조판을 끝내고 인쇄할 직전에 일왕 부하들이 검열하여 활자를 뒤집어 검은 벽돌을 쌓아 놓은 모양으로 지면을 벽돌신문화한 신문발행탄압죄新聞發行彈壓罪, 조선의 신문을 침략전쟁의 선전도구로 이용하고자 기사 내용을 사전 검열·감시·삭제·차압하고 기사 내용의 정도에 따라 배포확산통제, 발매금지, 발행정지, 발행금지령, 신문사 인쇄기를 몰수한 언론탄압죄言論彈壓罪, 신문수뢰죄로 신문사의 자본 유입을 차단한 죄, 신

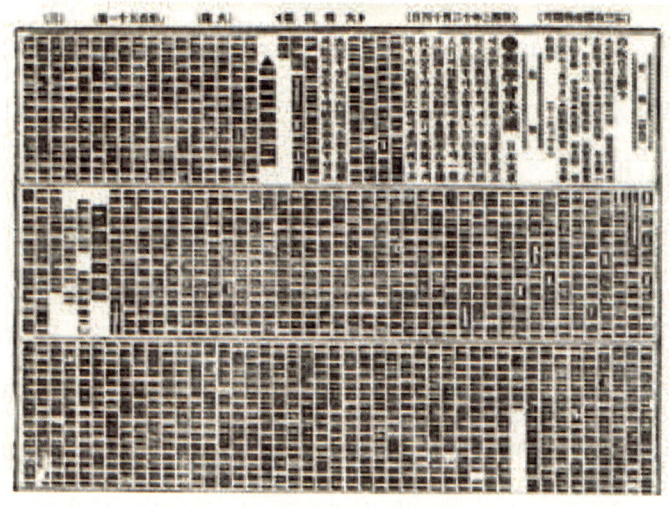

일왕의 부하들이 활자를 뒤집어 이른바 벽돌신문으로 변함.

문지법으로 공갈치고 3일 뒤에 일본의 치안경찰법에 따라 조선에도 보안법을 적용하여 공갈쳐 집회集會, 결사結社, 언론言論의 자유를 완전히 봉쇄한 언론자유봉쇄죄言論自由封鎖罪, 이 보안법으로 의병운동, 계몽운동, 항일운동을 봉쇄·탄압한 타민족문화봉쇄죄, 조선태형령朝鮮笞刑令을 보면 일제가 조선인에게 징역·구류 및 벌금형 대신에 태형을 가하게 한 법률을 만들어 조선인을 잡아다 형판에 엎드리게 한 뒤 볼기를 벗기고 매질을 했는데 이때 매질은 조선인에게 더욱 수모·모멸감을 주려고 황소 생식기를 말려 끝에 납을 박은 채찍으로 때린 민생유익동물학대죄, 1918년 한 해 동안 조선인 7천8백91명에게 태형笞刑을 덮어씌우고 심하게 때려 불구가 되게 하고 끝내 사망케 한 죄, 일왕 부하 헌병과 경찰이 재판을 거치지 아니하고 현장에서 즉결처분하였던바 그 행위가 가소롭기 짝이 없도다. 세계 만인에게 얼굴을 들지 못하도록 부끄럽도다.

조선의 애국지사를 모조리 투옥한 애국지사모조리투옥죄, 조선

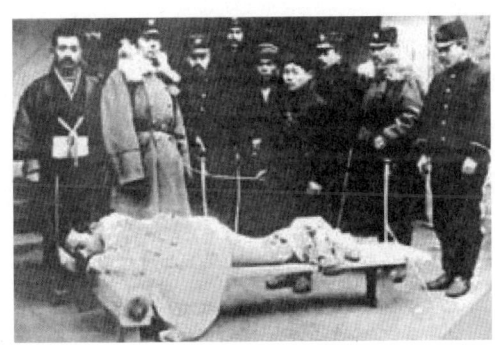

일왕은 조선 국민을 감시하고 탄압할 수단으로 조선 주둔 일본군과 경찰과 헌병에게 언제 어디서든지 때와 장소를 가리지 않고도 몽둥이질을 하도록 즉결처분권을 부여했다. 이를 조선태형령이라 한다.

어과목 폐지, 조선어학회·진단학회 해산, 한글신문 폐간, 신사참배와 창씨개명을 집요하게 강요한 타민족성씨이름말살죄, 성을 다시 짓지 아니한 조선인에게 '① 창씨創氏를 하지 않은 사람의 자녀에 대해서는 각급 학교 입학과 진학을 거부한다. 이미 입학한 학생은 정학 또는 퇴학 조치를 하고, 학교 차원에서 거부할 경우 해당 학교는 폐교한다. ② 아동들을 이유 없이 질책·구타하여 아동들의 애원으로 부모의 창씨를 강제한다. ③ 창씨를 하지 않은 사람은 공·사 기관에 채용하지 않으며 현직자도 점차 해고 조치를 취한다. 다만, 일본식 씨명으로 창씨개명한 후에는 복직할 수 있다. ④ 행정기관에서는 창씨를 하지 않은 사람의 모든 민원 사무를 취급하지 않는다. ⑤ 창씨를 하지 않은 사람은 비국민·불령선인으로 단정하여 경찰수첩에 기입해 사찰을 철저히 한다. ⑥ 창씨를 하지 않은 사람은 우선적인 노무 징용 대상자로 지명한다. ⑦ 창씨를 하지 않은 사람은 식량 및 물자의 배급 대상에서 제외한다. ⑧ 철도 수송 화물의 명패에 조선식 씨명이 쓰인 것은 취급하지 않으며, 해당 화물은 즉시 반송 조치한다. ⑨ 창씨를 하지 않은 사람은 내지(일본 본토)로 도항할 수 없다. ⑩ 창씨개명령 제정 이후 출생한 자녀에 대하여 일본식 씨명으로 출생 신고하지 아니할 경우에는 그 신고를 계속 반려하여 자녀와 그 부모가 창씨 하도록 강제한다'고 공갈·협박한 죄가 성립된다. 지금까지 살펴본 죄목만으로도 4대에 걸친 일왕의 일가는 지구상에서 존재할 자격도 이유도 권리도 뭐 하나 배려할 건더기가 없다.

　이제 그런 더러운 물건인 제국·침략·패권주의는 지상에서 곧 패멸敗滅, 궤멸潰滅, 자멸自滅하여 사라지게 될 것인바 그 범죄자들이 참회의 눈물을 흘릴 것인지 아니면 계속 발광發狂하며 난동을 부릴지는 두고 봐야 할 일이지만 현 아베 정권과 그 작전세력들의 근성은 인류의 보편적 가치와 행복을 아주 크게 손상시키고 있다.

　이런 범죄자들에게 용서가 먼저일 수는 없다. 사죄 없는 용서는 그 어느 종교적 또는 인륜적 범주에도 속하지 아니한다. 이제 인류가 건강한 대자연과 함께 삶을 누리려면 살상용 무기를 만들어 실전에 배치한 범죄자들이 제국·침략·패권주의 앞에 참회의 눈물을 흘린 다음에 인류 모두가 홍익인간주의를 만유해야 가능함을 널리 알리고자 한다. 그래도 일본제국의 대륙침략전쟁범죄 선고는 끝나지 않았고 멈출 수 없다.

　만주 봉오동전투에서 참패를 당한 일본은 그 보복으로 간도지방 조선인을 초토화할 기계화 부대를 투입할 구실을 만들어야 했다. 1920년 8월 2일, 중국마적단의 두목인 왕사해王四海를 매수하여 훈춘현 일본영사관 분관을 습격토록 하고 이를 중국인과 러시아인과 조선인의 소행이라고 조작한 기사를 조선총독부 기관지인 매일신보每日新報에 실어 선전하며 「훈춘사건」을 조작했다. 이로써 군대를 투입하여 조선인을 상대로 학살, 강간, 방화, 폭행을 일삼았다.

　같은 해 10월 용정 장암촌에서 33명의 무고한 조선인을 예배당에

간도지방의 조선인 마을 초토화계획을 세우고 두만강을 건너는 일왕의 부하들.

가두고 불을 질러 태워 죽였고 뛰쳐나오는 사람을 총으로 쏴 죽였다. 장례를 치른 가족들의 울분이 채 가시기도 전에 다시 찾아가 무덤을 파헤치고 시체를 한데 모아 석유를 붓고 태웠고, 왕청현, 훈춘 일대와 연길현 의란구, 팔도구 등지에서 2천여 명의 조선인을 무참히 살해하고 가옥을 모두 불태운바 이는 계획적외국양민대량학살방화죄計劃的外國良民大量虐殺防火罪에 해당한다. 같은 해 10월 20일 일왕 군대 19사단 이시츠카石冢 대대가 의란구를 침입하여 이동근 씨 등 마을 주민 8명을 무참하게 살해했고, 10월 24일에는 일본군 74연대가 양만홍 등 마을 주민 10여 명을 죽이고 학교와 가옥 다섯 채를 불태웠고, 11월 3일 일본군 76연대는 북의란구에서 농민 이국화 등

일본제국의 대륙침략은 멈춰진 시계가 아니다

간도 조선인 가옥을 부수고 곡식을 수색하는 일왕의 부하들(左). 일본군이 파괴한 간도지방 조선인 민가. 마당에는 얼룩소가 쓰러져 있다. 경신년 참변·참살 현장(右)

주민 16명을 무참히 살해했고, 3일과 4일 이틀에 걸쳐 태양촌에서 교사 노우선 등 2명과 농민 이주향 등 13명을 죽였고, 11월 5일에는 최우익, 이을, 홍정필 등 10명을 잔인하게 살해했고, 1920년 10월 19일 회령수비대장 나리타成田 중좌가 지휘한 일본군이 화룡현 북장패촌의 촌장 이용점과 농민 장환두, 신국현, 김종민을 체포하여 풍도령에서 살해하였고, 화룡현 송언동에 침입하여 지계순 등 14명을 학살했고, 10월 20일에는 왕청현 십리평에서 민가 20여 채를 불태웠고, 김립법 등 중국인 30여 명을 무참히 학살하였고, 12~13세 어린이를 사로잡아 현장에서 참수하여 그 머리를 높이 매달아 놓고 사람들이 보도록 하였고, 연길현 구사하에서는 창동학교 교사 정기선을 체포하여 얼굴 가죽을 벗기고 눈알을 빼서 서씨집 가족과 함께 묶어 집에 가두고 불태워 죽였고, 기독교 신도마을을 습격하여 마당에 쌓아 둔 밀짚에 불을 지르고 남녀노소를 불문하고 살해하여 불 속에 던져 넣었고, 불구덩이에서 빠져나오지 못하도록 팔다리를 일본도日本刀로 자르고 그때까지 숨이 끊어지지 아니한 사람을 다시 불에 던져 죽게 했고, 이 같은 일제의 만행을 취재하러 간 동아일보 장덕준 기자를 살해하여 암매장暗埋葬한 극악 · 잔인무도학살죄極惡殘忍無道虐殺罪는 아마도 지구상에는 다룰만한 형법이 없을 것만 같다.

용정龍井에서 일왕 부하 경찰과 헌병들이 쓸 파출소 건물을 지으려고 우리 동포들한테 토지를 요구하여 거절당하자 소 한 마리 가죽 넓이면 된다는 식으로 회유 · 농락하여 밭떼기 하나를 줬더니 쇠가죽을 가느다란 줄로 썰어 구역에 말뚝을 박고 둘러치니 원하는 면적의 땅이 확보되었다. 일명 「쇠가죽사건」이다. 이렇게 조선인의 토지를 갈취한 토지약탈 · 갈취죄, 경신년 1920년에 연길과 용정지역의 사립학교인 명동학교, 정동학교, 북일학교 등을 불태워 잿더미로 황폐화한 교육기관방화죄, 용정 은진중학교를 강탈하여 일제 관동군 병영으로 징발한 학교강탈죄, 대성중학교 운동장 작탄매설 사건을 조작하여 50여 명의 무고한 학생을 체포 · 감금한 죄, 1920년 10월부터 11월까지 약 두 달에 걸쳐 훈춘, 왕청, 화룡, 연길, 유하, 홍경, 관전, 영안 등지에서 3천6백93명을 무참하게 살해하고 171명을 체포하고 70여 명의 부녀자를 강간하고 가옥 3천2백88채를 불태우고 학교 41개교와 교회 16곳을 불태워 없앤 죄는 일왕 무츠히토, 요시히토, 히로히토 3인에게 사형을 언도하는 정도로는 분이 풀리지 않는다.

「훈춘사건」 조작 이후 간도지방 조선인 마을 초토화를 단행하면서 조선인을 살해하는 일본군.

　1923년 9월 1일 오전 11시 58분에 일본 도쿄 인근 관동지방에 큰 지진이 발생하여 도쿄 일대가 불바다가 되자 천재지변으로 된 화재와 재난을 조선인이 살인·방화했다고 제 국민을 선동한 악질살인선동죄惡質殺人煽動罪, 이때 조선인이 우물에 독약을 풀었다고 유언비어를 날조한 죄, 조선인이 폭동을 일으키려 한다고 조선인 학살단 결성을 유도한 살인유도죄殺人誘導罪, 일본 정부가 나서서 자국민을 선동하며 열흘 동안 2만3천여 명을 무자비하게 학살한바 일왕의 수하기관인 내무성이 각 경찰서에 공문으로 하달하기를 '재난을 틈타 이득을 취하려는 무리인 조선인들이 방화와 폭탄테러와 강도 등을 획책하고 있으니 주의하라'고 선동·획책하고 일왕이 의도적·계획적으로 '때는 이때다'하고 군대와 경찰과 자경단을 시켜 조선인을 몰살하려 했으니 외국양민대량학살죄가 확실하게 성립된다. 육군과 해군 병력 5만2천여 명과 극우익세력으로 자경단自警團, 청년단靑年團 등의 조선인살해단체朝鮮人殺害團體를 조직하라고 지령하여 70여

1923년 9월 관동대학살 때 조선인을 죽창으로 살해하고 확인하는 일본 자경단.

곳에 검문소를 설치하고 조선사람을 닥치는 대로 엽총獵銃으로 쏴 사살하고, 참도斬刀로 찍고 찌르고 베고 도려내고, 곤봉으로 머리를 내려쳐 퍽하며 깨지고, 쇠갈퀴로 몸을 긁어 찢고, 죽창으로 찌르고, 쇠몽둥이로 두들기고, 산 사람을 전신주에 묶어 놓고 눈알을 도려내고, 코를 칼로 도려내고 그러다가 배를 갈라 죽이고, 임산부의 배를 갈라 죽이고 뱃속에서 나와 우는 영아를 군인들이 칼로 베어 죽였고, 팔다리 몸뚱이를 생선 토막 치듯 쳐 죽이고, 어린이들을 일렬로 늘어 세워 놓고 부모가 보는 앞에서 목을 자르고, 부모를 기둥에 묶어 세워 놓고 죽창으로 찔러 죽는 모습을 자식이 보게 하고, 살아 있는 조선인의 팔을 톱으로 썰어 자르고, 산 사람의 눈을 파내고, 시신의 목을 매 끌고 다니고, 쓰레기 묻듯 집단으로 매립하고 석유를 뿌려 태웠으니 이 같은 대학살만행은 최악의 반인륜적 범죄행위인 야만적 인간도륙人間屠戮이 아닌가!

이 같은 학살만행 이후로 일왕의 군대인 육군과 해군 사병에게 반드시 인간학살기술 훈련을 받도록 독려했다니 참으로 지독하고 악독하기 짝이 없는 족속이로다. -오! 하나님 일본 땅에 새로운 족속을 내리옵소서!- 일본인에게는 종족이 없다. 일왕의 일가가 조몬족의 후예인 아이누족인지 동남아의 남방에서 올라온 족속과 혼혈

관동대학살 때 일본의 경찰, 헌병, 군인, 자경단, 청년단이 학살한 조선인 시신이 널려 있는 도쿄 거리.

족인지 혹은 중국대륙의 남방에서 진시황이 먹고자 했던 불노초를 캐러갔다가 돌아가지 아니한 3천 쌍 남녀들의 후손은 아닌지 몇 가지 전설 같은 얘기만 전해진다. 기실 일본제국은 원주민原住民 종족인 아이누족을 멸시했다. 키가 작고 치열齒列이 들쑥날쑥하고 얼굴에 수염이 많고 눈매가 위로 째져 보기가 사나웠든지 홋카이도 끝자락 추운지방으로 밀어냈다고 일본인권운동가日本人權運動家들이 지적했다. 히로히토가 바로 그렇게 생겼잖은가!

 1930년대에 일왕은 조선을 대륙침략의 병참기지로 삼아 남의 나라를 군사기지화했고, 조선의 유교사상과 기독교, 천주교, 불교 등 종교를 무시하고 돼먹지 않은 천황을 숭배하라고 집요하게 강요한 신사참배 · 궁성요배를 강요했다. 보통학교에서 칼을 찬 일왕의 부하들로 하여금 학생들을 위협한 아동학대죄와 어린 학생들에게 총칼로 군사훈련을 강요한 살상기술교육죄殺傷技術敎育罪도 빼놓을 수 없는 죄목이다.

일제는 이제 중국을 침략할 구실을 만들어야 했다. 일본제국 경찰과 군인들이 만보산 삼성보 축조 과정에서 중국농민과 조선농민 사이에 이간질하여 싸움을 붙이고 중국농민이 조선농민을 다수 살해했다고 허위·조작하여 조선일보 장춘지국장 김이삼金利三에게 특보라며 본사로 지급 통전하게 하였다. 조선일보의 1931년 7월 2일 석간과 3일 조간 두 차례에 걸친 호외와 동아일보, 시대일보, 중외일보 등의 과장된 허위 보도에 기인한 사건으로 '중국 관민 8백여 명과 동포 2백여 명이 충돌하여 부상·살해사건이 일어났다'고 보도함으로써 조선 내에서는 중국인 배척·습격·살상이 곳곳에서 일어났다. 중국과 조선 사이를 이간하고 중상모략中傷謀略을 일삼아 일어난 사건이었다. 이 사건이 걷잡을 수 없이 확대되자 일제 경찰 자신들의 조작이라는 것을 입막음하려고 김이삼 기자를 쥐도 새도 모르게 청부살해請負殺害했다.

1936년 11회 베를린올림픽 마라톤대회에서 세계신기록인 2시간 29분 19초로 우승한 조선의 아들 손기정이 가슴에 단 일장기를 지운 사진을 신문에 게재한 이길용 기자 외 8명을 구속한 죄, 1911년 4월 일왕의 부하 군대, 경찰, 헌병을 동원하여 우리 조선인의 토지를 수탈하려고 제령 제3호로 제정·공포한 토지수탈법으로 토지와 임야를 조사하여 토지수용령土地收用令을 내려 막대한 전답과 산림을 일본 국유지로 강탈한 개나발수탈죄, 1938년 1월 군수공업동원법으로 조선인을 강제연행한 죄, 국가총동원법을 살포하고 국민징용령을

 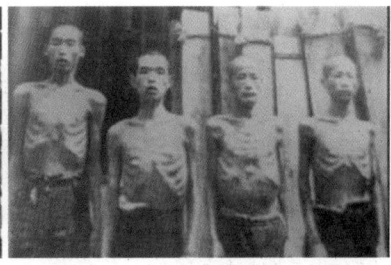

일본의 군사시설 공사장과 탄광에서 강제노동으로 학대받는 조선 청년들. 헐벗음과 굶주림과 상처 투성이가 그들의 가슴과 등과 팔다리에 검은 수채화처럼 그려진 모습(左). 일본 효고현 오쿠보형무소(?)에 불법구금된 조선 청년들. 청년들의 일률적인 신체 변화로 보아 약물생체실험 대상자였을 가능성을 배제할 수 없으며 이들은 관동군731부대와 연동하여 생체실험을 감행한 일본 내 의과대학의 마루타 희생자일 확률이 더 높다.(右)

내려 조선인을 본격적으로 강제징용 · 징병強制徵用 · 徵兵한 노동력 강탈죄, 미성년자未成年者를 전쟁터로 끌어가려고 공갈협박恐喝脅迫하고 구둣발로 걷어차며 구타한 집단폭행죄, 서울 · 대구 · 부산 · 평양 · 신의주 · 함흥의 6개 도시에 직업소개소를 설치하고 조선인을 감언이설로 기만한 사기죄, 강제모집단을 조선에 파견하여 경찰과 헌병들이 공갈과 협박으로 연행한 집단강탈죄, 가장과 외아들까지 강제연행하여 조선의 전통가문을 파탄지경으로 만든 가정파괴죄家庭破壞罪, 학도병으로 강제연행한 죄, 징용 · 징병 · 근로정신대 · 산업보국대 · 종군위안부로 강제연행한 납치행각죄拉致行脚罪, 충남 태안군 고남면 청년 정O용과 허O영을 납치하여 731부대로 끌고가 실험이 끝난 시체를 불태우게 하면서 구타 · 억압 · 핍박하면서도 임금을 주지 않고 폭행을 일삼은 폭행임금갈취죄暴行賃金喝取罪, 미성년자

일왕의 부하 일본경찰 8명이 길 가던 조선인을 트럭에 실어 밧줄로 묶어 강제연행하고 있다. 이는 분명한 납치였다.

를 끌어간 유괴죄誘拐罪, 조선총독부가 조선인 징용과 징병을 알선한 죄, 이 같은 음모술수로 전쟁을 지휘하면서 1875년부터 1945년까지 70년 동안 8백20만여 우리 국민을 강제연행强制連行하여 고문拷問· 감금監禁·구금拘禁·폭행暴行·억압抑壓·성폭행性暴行·갈취喝取·유린蹂躪·속박束縛·노예노동奴隷勞動 등을 일삼으며 한꺼번에 학살하거나 혹은 죽게 하거나 혹은 자폭을 강요하거나 혹은 갱도에 산 채로 매장하거나 혹은 얼려 죽이거나 혹은 불에 태워 죽이거나 혹은 굶겨 죽이거나 혹은 칼로 토막 쳐 죽이거나 혹은 배에 싣고 바다 한가운데 가서 폭파하여 침몰시켜 죽이고 사체를 찾지도 못하게 유기

일본 아오모리현 시모키타반도에 있는 가바야마해군비행장. 왼쪽부터 ① 활주로가 시설된 이곳은 구릉지대였다. 충청남북도와 전라북도 지방에서 강제징용된 사람 3천여 명이 구릉지대를 깎아 평탄하게 하고 활주로를 만들었다. ② 일본 해상자위대 송수신 안테나가 설치됨. ③ 2019년 현재 일본 해상자위대 오미나토통신대 가바야마송신소로 쓰고 있음.

한 죄, 전쟁터와 군사시설공사장·탄광·군수공업공장으로 끌어가는 납치수법으로는 밥 먹고 있는 사람 잡아가기·잠자는 사람 잡아가기·길 가는 사람을 트럭에 실어 잡아가기·논밭에서 일하는 사람 잡아가기·토끼몰이식으로 잡아가기·아이를 업고 가는 여인에게서 젖먹이 아이를 떼놓고 아기엄마를 납치해 가기·농사철에 소를 몰고 가는 농부를 연행해 가기·농삿소 끌어가기·길가는 노인을 끌어가기·조선총독부의 알선으로 지역별로 인원을 할당하여 연행해 가는 형식이었다. 이때 언제나 일본 기업체의 대표자와 경찰과 헌병이 가담하였으므로 4대에 걸친 일본제국주의 일왕의 대역적인간노략질죄大逆賊人間擄掠行爲罪가 성립된다.

1931년 국제노동기구의 규정에 따라 강제노동이 금지되었는데도 미성년자에게까지 노동을 강요했는데 탄광의 막장에서 채탄·채석장 발파·터널공사 발파·낭떠러지에 축대쌓기·진흙땅에 지하탄약고만들기·방공호파기·포대만들기·해군전용도로닦기·산

림벌채 · 항만공사 · 터널공사 · 교량공사 · 활주로공사 · 석탄나르기 · 자갈나르기 · 흙나르기 · 바위깨나르기 · 모래나르기 · 구릉지 대평탄공사 · 콘크리트공사 · 군수물품상하역작업들과 같은 일을 강요하였으며, 남태평양 남양군도 전선에서는 포탄을 가슴에 안고 적진으로 돌진시킨 '자폭강요'라는 죽음 자체 상황이었으며, 돼먹지도 않은 국가총동원법을 조선 백성에게 적용하여 강제연행한 조선인들을 핍박 · 억압 · 혹사한 실태는 참혹한 노예상태였으니 연행할 때는 탈출을 막으려고 최종 목적지에 도착하기 전에는 며칠이 지나도록 물과 음식을 제공하지 않았고, 아오모리현 시모키타반도로

거꾸로 매달린 청년은 고향에서 강제징용되어 이곳 아오모리현 시모키타반도 오마철도 교량공사장에서 추위와 배고픔과 강제노동에 시달리다가 현장을 탈출하여 판자조각 하나로 태평양에 몸을 띄워 서쪽으로 서쪽으로 팔을 저었다. 부모형제가 보고 싶고 고향이 그리웠다. 그러나 몽둥이와 권총과 일본도로 중무장한 현장감독한테 잡혀 들어와 청어신세가 되어 장작불 위에서 익어갔다.(일본 현지 주민 증언에 따라 그림 제작:전재진)

일본제국의 대륙침략은 멈춰진 시계가 아니다

연행하여 바라크라는 판잣집에 수십 명씩 집단으로 수용해 놓고 다 떨어진 군복 한 벌에 지까다비 한 켤레에 모포 한 장이 고작이었으며, 밀밥이나 보리밥 한주먹에 청어 한 토막과 삶은 오징어 한쪽이었고, 바닷물을 끓여 국이라 먹게 하였고, 상처에서 구더기가 득실거려도 치료해 주지 않았으며, 천정에 거꾸로 매달고 밑에 장작불을 피워 청어처럼 구워 죽였고, 영하 30도 추위에 옷을 벗기고 찬물을 끼얹어 통나무에 묶어 놓았고, 지하실에 거꾸로 달아놓고 몽둥이로 1백 대씩 후려쳤고, 군견을 풀어 탈출자를 사냥했고, 목숨이 붙어있는 사람을 공사현장에 생매장했고, 사지를 묶어 사방으로 매달아 지쳐 죽게 하였고, 삽자루와 곡괭이 자루로 머리를 내려쳐 유혈이 낭자케 했고, 끓는 물에 넣어 데쳐 죽였고, 조선 처녀들의 자궁을 달군 쇠꼬챙이로 쑤셔 죽이고, 죽은 조선인을 눈밭에 버려 산짐승들이 뜯어 먹게 하였고, 조선 처녀들에게 사람고기를 먹게 하였고, 독 안에 든 문어가 굶주리면 제 발을 뜯어먹는다는 데서 나온 타코방식(タコ, 文魚, 문어)으로 숙소를 감시·운영하였고, 개 눈에는 개만 보이는지라 죽지 못해 목숨이 붙어 일왕의 전쟁 감행 목적으로 이용당하는 조선인들에게 '개가 죽어서 개가 태운 것을 개 주인 일왕이 가져가는데 개새끼들이 뭔 말이 많으냐!'며 조선인을 개 취급하였으니 4대에 걸친 일본제국주의 일왕은 야만적이며 반문명적이며 비인도적인 얼굴로 그 죄는 인간생명진압질곡죄人間生命鎭壓桎梏罪에 해당하며, 조선인을 죽이는 수법으로는 사지를 칼로 베어 도려

내고, 목을 잘라 저잣거리에 높이 달아매고, 이마에서부터 피부만 벗겨 죽이고, 손톱과 발톱을 생으로 빼 죽이고, 눈알을 도려 빼내 죽이고, 배를 칼로 갈라 창자를 꺼내 죽이고, 칼로 복부를 찔러 등 뒤로 맞창 내 죽이고, 머리껍질을 벗겨 죽이고, 폐광 갱도에 수십, 수백 명을 가두고 입구를 폭파해 생매장으로 죽이고, 미쳐 날뛰는 살모사처럼 이빨을 드러내고 죽창으로 찔러 죽였다.

  1933년 일제관동군 의무장교이자 병리학과 세균학을 전공한 이시이 시로石井四郎가 유럽을 시찰하던 도중에 세균전細菌戰의 대량학살을 터득하고 대륙점령에 대비한 전략으로 적극 주창하고 한꺼번에 2억 명 이상을 감염·살상할 극악한 계획으로 우선 세균연구소를 흑룡강성 하얼빈시 평방구에 세웠다. 1차 실험에 성공한 뒤인 1936년에 하얼빈 남쪽 20km 지점에 본격적인 세균생산시설을 갖춘 인간생체세균실험을 전문으로 하는 731부대를 일본관동군 산하에 확대 설치하여 일왕의 지휘에 따라 바이러스, 페스트균, 콜레라균, 장티푸스균, 곤충, 쥐, 벼룩 등 생물학 무기를 연구하는 17개 연구반을 두고 각 연구반마다 인간생체실험을 자행토록 했는데, 이 실험대상이 된 사람을 마루타(통나무)라 특수명칭을 붙이고, 생체실험 종목도 수십 종인바 여기서는 근육에 세균을 주입하는 실험으로 피부를 벗기고 세균을 근육 속에 묻는 방법, 상처에 세균을 주입하는 실험, 세균혈관주입실험, 세균민가살포실험, 세균공중투하실험, 페스트균을 감염시킨 쥐와 벼룩을 마을에 풀어놓은 생체

일제관동군731부대에서 중국 민가에 전염병균을 공중투하하는 장면을 그림. 731부대는 장티푸스균과 페스트균을 마을에 투하하여 감염 여부를 실험했다.

세균실험生體解剖實驗, 생체독가스실험生體有毒氣體實驗, 생체착혈실험生體搾血實驗, 고속원심분리기에 사람을 산 채로 넣고 돌려 생피를 짜내는 실험, 생체동상실험生體凍傷實驗, 생체냉동실험生體冷凍實驗, 인간의 피와 말의 피를 교환해 보는 인마혈교환실험人馬血交換實驗, 생체진공실험生體眞空實驗, 생체신경실험生體神經實驗, 생체총기관통실험生體銃器貫通實驗, 각종 세균감염실험細菌感染實驗, 각종 약물실험藥物實驗 정도만 쓰겠다. 이 실험을 끝내면 반드시 해부하여 병변 또는 실험적으로 필요한 장기臟器 즉 뇌, 간, 폐, 심장, 콩팥, 췌장, 비장, 소장, 대장, 자궁, 난소, 고환, 유방 등을 유리병에 담아 10% 포르말린을 부어 영구보관永久保管하는 표본을 만들었다. 해부는 실험대상자의 목숨이 끊어지기 전에 했다. 실험대상자가 죽는 순간부터 부패가

민가에 병원성 세균(장티부스균, 콜레라균, 페스트균)을 살포하고 출입을 통제했다가 발병의 증세와 사망여부를 실험한 731부대 일왕의 부하들이 중국 마을에서 731부대로 시신을 운반하고 있다. 시체를 흰 천으로 덮은 것은 자신들이 세균에 감염되지 않으려고 한 것이지 인도적 처세가 아니다.

일어나 생체의 저항능력을 정확히 측정할 수 없다는 데서 눈을 뜨고 숨 쉬는 사람을 마취도 없이 산 채로 메스로 가르고 톱으로 자르고 가위로 적출摘出했다. 물고기도 산 채로 칼을 대려 하면 눈을 부릅뜨고 쳐다보는데 어떻게 사람에게 이 같은 끔찍한 짓을 저질렀단 말인가!

1936년부터 1943년까지 만든 인체장기표본이 신체 부위별로 수천 개에 이르고 세균실험표본이 페스트 246개, 콜레라 135개, 유행성출혈열 101개 등 수백 개에 이르는데 이 죄를 먼저 판결하고 계속하겠는데 그 죄명은 아프리카 초원을 떠도는 시체도적 전문인

어린이에게 세균을 주입하여 감염 여부와 증세를 실험하는 일왕의 부하들(左). 죽은 어린이를 손으로 만지면 병원균에 감염될까 봐 쇠고랑을 채워 끌어당기는 일왕의 부하들(中). 여인에게 동상실험하며 옆에서 총을 들고 감시하는 일왕의 부하 병사(右).

줄무늬하이에나희롱죄에 해당하지 않고 무엇이겠는가!

부대장 이시이 시로石井四郎는 1940년 10월 27일에 난징南京에 설치한 1644세균전 부대와 합세하여 중국 닝보寧波에 페스트균을 대량 살포하여 중국인 100명 이상을 죽게 했고, 1941년 봄에는 후난성湖南省 지역에 페스트에 감염된 벼룩을 공중 살포하여 중국 인민 4백여 명을 죽게 했고, 페스트균을 대량 배양하여 지린성吉林省 눙안農安과 창춘長春에 계획적으로 살포한 뒤 그 감염경로와 증세를 관찰하였다. 이 과정에서 중국 인민 수백 명이 목숨을 잃었으니 그 죄목은 인체병원균무단살포살인죄人體病原菌無斷撒布殺人罪에 해당함을 선고한다. 이 같은 세균전으로 중국대륙을 꿀꺽 집어삼키려고 기획한 일왕 군부는 적과의 전쟁에서 최소 경비와 최소 물자와 최소의 병력으로 최대의 전승효과戰勝效果를 올려야 넓은 대륙을 완전하게 정복征服할 수 있다는 결론을 내리고 특수무기로 분류한 세균폭탄을 제조하여 중국 내 저항세력의 무력화를 획책했다. 그 전

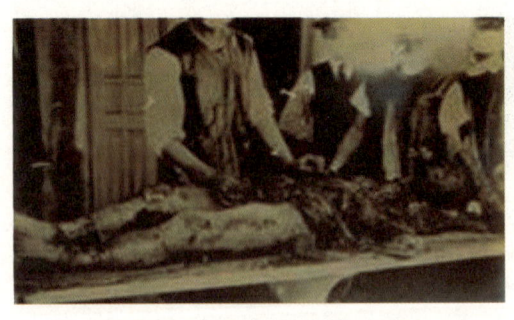

세균, 약물 등의 생체실험을 끝내고 해부하면서 인체장기 병변의 변화와 정도를 관찰하는 731부대 일왕의 부하들. 이런 정도의 부검은 오장육부와 척추를 완전히 드러내 난도질하고 두개골을 톱으로 자르고 뇌조직을 적출해낸 상태이다. 찡그리는 얼굴 표정과 발목에 족쇄가 채인 것으로 보아 산 채로 칼질(해부)했음이 분명하다. 실험을 끝낸 사람이 죽으면 생체에 생리적 변화(부패)가 일어나 실험 성적에 오차가 생긴다는 이유로 사람이 죽기 전에 팔다리를 묶고 해부했다.

략이 바로 세균폭탄을 떨어뜨려 전염병으로 죽게 하는 신속 타격이었으니, 이 극악무도하고 비열한 획책의 적임자는 이시이 시로石井四郎였는데, 이놈은 생물학 박사학위를 받은 뒤 대학총장 딸과 결혼하고 군 장학금으로 유럽생물학연구소에서 개지랄을 떨다가 처자식과 형제들을 다 몰고 만주 731부대로 가서 가족패거리인간도축장운영체제家族單位人間屠畜場運營體制를 구축했다.

1935년에 박테리아연구소에서 탈옥사건이 발생하자 화약고 폭발을 구실로 인간도축장人間屠畜場인 731부대를 하얼빈시 남쪽 20km 떨어진 평방구로 비밀리에 이전하였다. 중국 동북지방 각처에서 수천 명 되는 중국인, 러시아인, 조선인들을 납치하여 밤과 낮을 가리지 않고 세균배양실, 쥐사육실, 벼룩배양실, 세균무기연구실, 독가스실험실, 각종 인간생체실험실, 인체장기표본실, 생체해부실(부검실), 화장장, 사체매립장 등 그야말로 인간생체실험공장

일제관동군731부대 부대장 이시이 시로는 생체실험을 총지휘하면서 가족들과 함께 부대 내 관사에서 호화롭게 생활했다(좌). 이시이와 다를 바 없이 비열하기 짝이 없는 아베신조 일본총리는 731부대를 재건하여 한꺼번에 2억 명 이상을 죽일 세균전을 꿈꾸고 있을지도 모를 일이다(우).

을 건설하여 경영하였다. 이때 건축에 참여한 노동자들은 기아와 과로로 쓰러져 수백 명이 죽었고, 이 비밀공정이 끝날 무렵부터는 건축에 참여한 일왕 백성 노동자들까지도 비밀리에 모두 살해하여 암매장 또는 땅굴에 넣고 봉인封印했다. 실험이 끝나면 목재파쇄기에 넣어 사람을 가루로 만들었고, 세균실험뿐만 아니라 독가스생체실험도 악독하게 자행했는데 초기부터 중국을 침략한 일왕 군대 제516독가스부대 대원을 731부대로 직접 파견하여 독가스 생산공정과 사용법을 배우도록 하였는바, 한 가지 실례로써 유리로 대형관을 만들어 젖먹이 아이를 안은 어미를 유리관 속으로 집어넣고 독가스를 주입하고는 어미와 아이를 관찰했는데 어미는 시름시름 눈을 감지만 아이는 어미의 젖을 빨고 있을 때 유리관 주변에서는 실험하는 놈들이 최고의 실험이라 환호성을 지르며 기록사진을 찍어댔다. 아베신조는 참회의 눈물과 하나의 혀로 말해야 한다.

우리는 그때 개 같은 짓을 했어! 인간으로서 할 짓이 아니었어!
私たちは犬のようにそれをしました! それは人間としては起こらなかった!
We did a damm thing then! We weren't doing this as humans!
我们当时做的像狗一样! 这不是人类的!

이 시점에서 일왕에게 인간마수독가스살인죄를 적용하고자 한다. 이놈들 731부대 실험요원들이 각종 세균을 주먹밥이나 만두 혹은 과일과 음료수에 섞어 실험용으로 납치하여 잡아들인 사람들에게 먹였는데 이를 알아차리고 먹지 아니하는 사람은 손발을 묶고 강제로 입에 넣었다. 그 사례를 들어보자.

731부대 군의관이 러시아인과 중국인이 수용된 감방으로 직접 가서 영양이 양호한 중국 청년 3명과 러시아 소녀 3명을 불러냈다. 청년들은 살려달라고 애원했다. 그러자 군의관이 "그렇잖아도 상부의 지시가 내려와 너희들은 석방이다. 고향으로 가서 농사일에 선봉이 되게 하라는 명령이 떨어졌기에 보내려 한다"고 하자 청년들은 마음이 놓였으나 의심의 여지는 남아있었다. 군의관은 부하 하사관을 불러 청년들을 목욕시키고 깨끗한 옷으로 갈아입혀 식당으로 데리고 오라 했다. 그러면서 청년들을 향해 "너희들은 내일 고향으로 간다. 그러니 오늘 하루 잘 먹고 잘 지내고 가라"고 말했다. 청년들이 목욕하고 옷을 갈아입고 식당으로 갔을 때 이미 잘 차려진 장교식단이 마련되어 있었다. 군의관이 "저녁을 잘 먹고 따

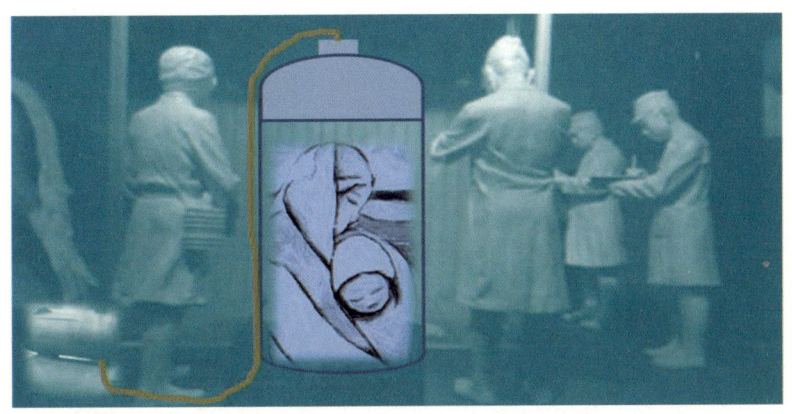

일제관동군731부대가 자행한 인간생체독가스실험. 대형유리관에 모녀를 가두고 밀폐상태에서 공기와 독가스를 주입함. 죽어가는 시간과 증세를 관찰하며 기록하고 사진을 찍음.(그림제작: 전재진)

듯한 방에서 하룻밤 잘 지내고 내일 일찍 가거라"고 말했다. 군의관은 자신이 말한 대로 식사를 끝낸 청년들을 방으로 안내했다. 깨끗한 방이 나란히 여섯 칸이나 비어있었다. 청년들은 남녀 각각 방을 하나씩 차지하고 쉬게 되었다. 군의관과 하사관들이 청년들과 같이 배당된 방으로 들어갔다. 러시아 소녀의 방에서는 벌써 입을 막은 비명소리가 들려왔다. 성폭행성 강간이 벌어지고 있었다. 그야말로 선간후험先姦後驗이었다. 그리고는 잠시 뒤 군의관과 하사관은 야식을 가지러 간다며 밖으로 나왔다. 청년들이 기다리던 참에 정말로 야식이 들어왔다. 주먹밥과 만두였다. 청년들은 아무 의심 없이 잘 먹었다. 여섯 명의 청년 마루타는 이렇게 세균감염실험이 시작되었다. 그 방 여섯 칸은 각각 페스트, 콜레라, 장티푸스 감염과 증세를 실험하는 무균실이었다. 야식으로 들여보낸 주먹밥과 만두에는 세균을 넣어 만든 최후의 만찬이었다.

하여튼 731부대에서 더욱 잔인했던 수법은 세균과 약물로 생체실험을 하고 사람을 산 채로 해부했는데, 임산부들의 배를 칼로 가르고, 사람을 수직으로 잘라 척수(脊髓, 뇌와 연결되어 척추 속에 들어있는 긴 관상 신경중추)를 관찰하기도 했는데 이 대부분의 실험을 할 때 마취를 하지 않고 했다니 이를 어찌 하늘님께 알릴 수 있겠는가 하며 울부짖어 통곡해도 일말의 양심도 없는 일왕이니, 심장이 터지지 아니하면 찢어지리라는 원한으로 일왕을 벌하고자 대륙침략용 인간생체실험자양성죄(人間生體實驗者養成罪)를 새로 제정하여 선고한다.

생체해부가 끝난 사람은 쓸모가 없어 소각로로 팽개쳐지는데 어떤 사람은 숨이 끊어지지 않은 상태에서 소각로에 던져지기도 했고, 산사람을 파쇄기에 넣어 잘게 부숴 엄청난 고온의 소각로에 던져 넣어 태웠다. 이 일은 필자의 고향 친구 어르신 두 분이 맡았었다.

야! 머리가 아프다. 자율신경마저도 마비될 지경이다. 일왕 너의 죄악으로 백의평화민족의 양심마저 녹아내릴까 염려되어 도저히 그 죄를 선고하기가 두렵기조차 한데 일왕의 죄가 여기서 끝나는 게 아니므로 여기서 냉수라도 한 사발 들이켜 마시고 계속 선고하겠다. 본 판관의 고유권한으로 잠시 휴정(休廷)한다.

생체를 해부하여 적출한 인체장기와 조직은 병리학적조직검사를

세균전 실험에 쓰인 각종 장비
인체 장기를 적출하는 부검 장면
마취 없이 여인의 입을 막고 칼질함.
세균살포실험을 준비하는 부대원들

두개골 거단용 톱과 부검기구
어린아이에게 약물실험 함
실험이 끝난(각종 마루타) 인간소각장
하얼빈에 있었던 731부대 전경

일본제국관동군731부대 군바리들. 이들은 모두 육해군 군통수권자인 일왕 히로히토의 부하들이다.

통하여 진단·관찰·분석을 거쳐 표본진열실標本陳列室로 보냈고, 731부대 동상연구원 놈들은 혹독한 겨울에 납치해 온 인민을 알몸 혹은 얇은 옷 한 겹만 입혀 산기슭 음지쪽 아름드리나무에 묶어 놓고 찰칵찰칵 시계를 보며 시간을 재고, 여름에는 냉동실에 넣어 실험하고, 목숨이 끊어지기 전까지 최대한 꽁꽁 얼면 해동시켰는데 그 방법으로 찬물을 끼얹기도 하고, 끓는 물을 붓기도 했다. 팔다리가 얼마만큼 얼면 얼마만한 가격加擊으로 부러지는지 실험하였다. 끓는 물을 부으면 살이 녹아내려 뼈만 앙상하게 남았는데 이들은 극도의 고통 속에서 그 자리에서 죽든지 아니면 살과 피부가 썩어 흰 뼈가 보일 때까지 절규하다가 화장장으로 던져져 죽어갔다.

731부대는 어미 마루타가 낳은 자식은 결국 자식 마루타일 뿐이라고 여겼으니 이 죄를 어디에 고할 수 있을까 생각해 보니 하늘이 캄캄해지며 천지가 뒤집힐 죄인바 일왕 너의 부하 이시이가 만든 '가족패거리인간도축장'에서 무고한 백성들의 목숨을 참혹하게 짓밟았는데 그런 만행을 지령한 일왕의 어미는 무얼 먹고 그런 자식을 낳았는지 그 어미부터 죄목을 달아야 하겠기에 희생자 실태를 알아봤더니, 중국인, 몽고인, 러시아인, 조선인을 닥치는 대로 납치하여 해마다 6백여 명씩 5년 동안 3천여 명을 희생시켰는데, 인간이 실험쥐였던가, 실험토끼였던가, 실험 몰모트였던가 아니면 실험원숭이였던가 하여튼 일왕 부하들이 저지른 만행은 지구상에 있는 어느 나라의 문자를 다 대입해도 표현하기 어려워 하늘나라에서 말과 글을 빌리려고 전화를 걸어도 전파가 통하지 아니하여 다시 중국 곳곳에 설치한 만주731부대의 예하부대를 알아보았다.

중국대륙 각처에 731부대 지부를 설치하였는데 창춘, 난징, 베이징, 광조우 등지에도 부대를 설치하고 세균을 대량으로 번식·배양했던바 한 달에 페스트균 500~700kg, 장티푸스균 800~900kg, 탄저균 500~700kg, 콜레라균 1,000kg 제조가 가능했으며, 이 세균으로 항일군민, 애국자와 무고한 백성을 시험대상으로 하여 세균을 주입하여 병세와 생사여부를 가혹하고도 악독한 수단으로 실험했다. 이 균을 도자기에 담아 공중에서 떨어트리면 깨지면서 살포되도록 세균탄을 만들었다. 2차대전이 한 달만 연장되었어도 이 세균탄을 실전에 대량으로 투입했을 것이다. 필자는 임상병리사臨床病理士(면허번호:5098)로서 조직세포학 분야 검사실, 연구실에서 25년간 종사했고 병사체病死體와 변사체變死體 사인규명 부검(autopsy, necropsy)을 1천 건에 이르도록 했음을 밝히며 일제관동군731부대가 자행한 일련의 인체생체실험을 요약한다. 이들 731부대에서 자행한 부검은 사인규명이 아니라 실험결과 기대치를 구하는 해부였으며 그 장기와 조직을 영구표본화 했다.

- 사람을 실험체로 한 각종 감염이나 약물실험은 생체실험대상자(이하 '대상자'라 함)를 반드시 부검하여 장기와 조직을 적출한 뒤에야 실험이 종료된다.
- 부검은 대상자가 숨을 거두기 전에 시행했다. 그 이유는 대상자의 호흡이 정지하면 부패가 일기 시작하여 생체의 저항력을 측정하는데 오차를 일으킨다는 점 때문이었다.
- 마취를 하지 아니한 것도 마찬가지 원리였다.
- 세균배양실, 동물사육실, 곤충벼룩배양실을 운영했다.
- 전염병균이나 페스트균을 마을에 살포할 때는 쥐나 벼룩을 감염시켜 마을에 풀어놓았고 대도시나 넓은 지역 살포 때는 비행기로 도자기세균폭탄을 실험투하했다.
- 극저온 동상실험極低溫凍傷實驗
- 인체총기관통실험人體銃器貫通實驗

- 인체수류탄 유효거리실험 人體手榴彈有效距離實驗
- 인체독가스실험 人體毒Gas實驗
- 인마교환수혈실험 人馬交換輸血實驗
- 교착혈전실험 交着血栓實驗
- 혈관에 공기를 주입하는 혈관진공실험 血管眞空實驗
- 사람의 콩팥에 말의 오줌을 주입한 실험 人體腎臟馬小便注入實驗
- 피부를 벗기고 피하에 병원균을 주입하는 실험 皮下病原菌注入實驗
- 매독균감염실험 梅毒菌感染實驗
- 성병감염과 치료실험 性病感染治療實驗
- 남녀 성전환수술 실험 男女性轉換手術實驗
- 산 사람을 칼로 베고 째고 가를 때 통증반응실험 痛症反應實驗
- 위를 제거하고 소장을 식도에 직접 연결하는 실험 胃臟除去實驗
- 간을 적출해 냈을 때 인체반응실험 肝臟除去實驗
- 목을 매달아 질식사할 때까지 시간 측정 窒息死測定實驗
- 굶겨 죽이기 실험 饑餓死實驗
- 극저온에서 생존 실험 極低溫生存實驗
- 인체고압감전실험 人體高壓感電實驗
- 인체화염방사실험 人體火焰放射器實驗
- 바닷물을 혈관에 주입하는 실험 海水血管注入實驗
- 동물 장기를 인체에 이식하는 실험 動物臟器人體移植實驗
- 마을 주민에게 전염병균을 넣은 만두를 나눠 먹이는 실험

• 물만 먹여 생존기간 실험

　이 같은 비극적이면서 비인간적인 생체실험의 표본은 일본 모의과대학 연구실로 옮겼고 결과치와 문건은 미국 정부가 인수했다. 미국이 인간생체실험성적을 가져가는 대가로는 천황제天皇制를 인정하고 731부대 부대장 이시이 시로石井四郎를 전범으로 처리하지 아니하고 살려주는 조건이 따라붙었다. 하여 미국과 일본에 의한 세균전쟁과 생화학전쟁은 끝나지 않았다. 이제 미국과 일본은 최첨단 기술과 인공지능으로 세균공격을 감행할 것이다. 큰부리까마귀가 떼 지어 도쿄 상공을 활공하는 모습에서 착안한 공격 전략이다. 80여 년 전 이미 만주에서 자행한 731부대 수법으로 볼 때 그 누구도 부인할

페스트균 탄저균 용　　콜레라 장티푸스 용　　유행성출혈열 용　　옥수수깜부기병 용

일본제국은 이미 대륙의 생명을 섬멸할 병원성균장착용 드론생산을 마쳤다해도 지나친 추측이 아니다. 세균을 장착하고 공격해 오는 드론을 저지할 대책을 세워야 한다. 일본제국731부대 세균전 생화학전은 멈춰진 전략이 아니다.

일본제국의 대륙침략은 멈춰진 시계가 아니다

수 없을 것이다. 필자는 참으로 안타깝게도 일본제국이 아베 신조를 앞세워 이미 재침전략이 완료된바 수천, 수만의 드론을 이용한 살상용세균살포殺傷用細菌撒布를 예언豫言하는 바이다.

1945년 8월 15일 일제 패망 이후 사할린에서 진격해 내려오는 소련군에 밀리던 일본 해군의 학살수법은 야스쿠니신사靖國神社에 웅크리고 앉아있는 전범자 귀신만큼이나 괴이怪異하다.

사할린 가미시스카경찰서 유치장에 가둬놓고 불 질러 태워 죽이고, 청어냉동창고에 넣어 얼어 죽으면 바다에 던져 버리고, 배에 태워 깊은 바다 한가운데에서 침몰시켜 죽이고, 이미 배에 탄 사람에게 '자부동座布団,방석'이라 발음을 시키는 방법으로 자부동 발음이 일본인처럼 안되면 조선인이라 하여 산 채로 바다에 던졌고, 기관총을 난사하여 수천 명을 한꺼번에 죽였으니 이를 어찌 인간이라 할 수 있겠는가! 일왕이 항복하였으니 전쟁 시기가 아닌데 말이다. 금수禽獸와도 비교하지 못할 잡것들이니 지상 생명체의 철천지원수로서 4대에 걸친 일제 일왕은 말할 것도 없고 그 시조始祖부터 멸살함이 마땅한 외국양민대량학살범죄外國良民大量虐殺犯罪이다.

일본이 세균전과 생화학전을 준비한 부대는 하얼빈에 731부대, 창춘에 100부대, 베이징에 1855부대, 난징에 1644부대가 있었다. 이들 부대를 일제관동군이 주관한 것으로 알려졌지만 사실은 대본영이 그 책임을 관동군한테 떠넘긴 수법이다. 관동군 사령부가 대본영의 지시와 통제에 따르지 아니하고 저지른 일이라고 악수惡獸 하

일본군이 중국 난징을 침공하여 난징시가 불바다가 되다.

이에나의 수법을 늘어놓은 것이다. 히로히토는 군통수권자로서 이렇게 비겁했다. 실은 일본인의 다중근성多重根性이 이런 히로히토를 비호하고 추앙해 왔다. 초록동색草綠同色이다. 비겁한 히로히토나 그를 추앙하는 일본인이나 견줄 필요 없이 마찬가지다.

히로히토 일왕의 막내동생 미가사 왕자가 731부대를 왕래하였으므로 이는 일왕의 일가가 731부대 인간생체실험에 직접 개입했다는 증거가 되므로 일왕일가생체실험인간도축장운영죄日王一家生體實驗人間屠畜場運營罪가 성립되었음을 천명闡明한다.

다시 일왕의 부하들이 1937년 12월 13일부터 감행한 난징대학살 현장으로 가보면 승냥이가 아직 식지 않은 피 묻은 송곳니를 드러낸 일제의 사무라이들이 시가지를 무차별 덮치면서 민가를 총칼로 짓밟으며 인민들을 닥치는 대로 사살하고, 처녀들을 강간·윤간한 뒤 칼로 베고, 다섯 살 아이에게 핀을 뽑은 수류탄을 장난감 사탕이

양츠강 가에 쌓인 대도살 희생자들의 시체 더미와 일본군의 모습. 당시 패잔병을 처리한다는 명목으로 항복한 중국군과 민간인 남성들과 어린이에게까지 기관총을 난사했다.

라며 건네줘 폭사토록 했고, 처녀들만 잡아 모아 집단 강간하고, 남자들은 남근을 자르고, 여자는 음부를 도려내고, 지나가다 심심하다고 칼을 휘둘러 죽이고, 이때 아사카노미야 야스히코朝香宮鳩彦; 히로히토의 고모부는 난징으로 들어가자마자 입술을 깨물며 어금니까지 뭉개지도록 악물었다.

「중국 형제들에게 절대 잊을 수 없는 교훈을 가르쳐 줘야겠군!」

아사카는 본인이 서명한 명령서를 하달하면서 '포로는 전원 사살하라'고 명령하였다. 남자 포로는 연못 속에 몰아넣고 기총사격을 가하고, 굴비처럼 한데 엮어 휘발유를 끼얹고 태워 죽이고, 작두로 목을 잘라 죽이고, 징병 연령 청년 약 2만 명은 총검 연습용 허수아비로 사용하였다. 일왕의 고모부인 아사카 야스히코도 역시 일왕의 부하이니 그 죄는 모두 군통수권자인 일왕에게 주어지는 왕실일가외국양민대량학살죄日王一家外國良民大量虐殺罪이다.

난징시 시가지 일대 민가는 닥치는 대로 불사르고, 우물은 묻어 덮거나 독약을 넣고, 재물은 보이는 대로 갈취했다. 일왕의 부하 장교들은 한데 모여 중국 인민 목베기 시합을 벌였다. 노다 츠요시野田 剛 육군소위는 105명을 참수했고, 무카이 도시아키向井 敏明 육군소위는 106명의 목을 베었는데 이를 영웅으로 받들어 도쿄 일일신문에 광고했다. 이날 도쿄시민들은 난징 함락 소식에 남녀노소 모두들 기념국수를 말아 먹었는데 일명 '난징국수'였다.

난징 시내에서 가까운 구릉 계곡에 축구장 넓이 다섯 배 정도의 매립지를 정하고 30만여 명을 무더기로 매립했다. 양츠강 강변에는 무고한 중국 인민들을 수백 명을 세워놓고 총살하고 그 뒤에 서 있던 사람이 강물에 던지도록 하고 방금 총살당한 동포를 강물에 던진 사람들을 다시 세워놓고 총살하는 식으로 6주 만에 난징에서 모조리 죽이고, 모조리 불사르고, 모조리 약탈하는 이른바「삼광작전三光作戰」으로 30만여 명을 죽였다. 이 같은 난징대도살南京大屠殺을

난징시를 침략하여 중국 청년의 목을 치려고 칼을 치켜든 일왕의 부하들(左). 무카이와 노다가 목베기 시합하여 106대105(명)로 무카이가 이겼다는 초기록을 보도하며 이 칼개들을 영웅으로 대우함.〈도쿄 일일신문〉(右)

진두지휘한 아사카 야스히코는 히로히토의 고모부로 드러났는데 이 또한 일왕의 일가가 전공戰功을 세우려는 의도였으니 가히 일왕의 인격과 사람 됨됨이를 알 것인즉 일가족패가망신죄에 해당함을 선고한다.

백기白旗를 들고나와 항복한 중국군 포로뿐만 아니라 젊은 남자들을 색출하여 닥치는 대로 끌고가 성 외곽 밖이나 양쯔강 하구에서 기관총 세례를 퍼부어 무차별 학살했다. 적게는 수십 명에서 많게는 만여 명이나 되는 단위로 중국군 포로와 민간인 남자들을 일본군의 총검술 훈련용으로 이용했다. 총알을 아끼려고 적지 않은 중국인들을 산 채로 파묻어 생매장하거나 작두로 목을 잘랐다. 포로와 청년들을 칼로 난도질하고 작두로 목을 잘랐으니 인간이 아닌 동물적 사고思考가 아니라면 도저히 그럴 수 없었던 지독하고도 끔찍한 일이 일본군에 의해 자행되었다고 아이리스 장Iris Chang이 그의 저서에서 밝혔다.

일본제국이 자행한 《중국 난징대도살》현장 지휘관들

난징의 한 광장에서는 천여 명의 사람들이 열을 지어 몇 개 단위로 구분되어 세워졌는데, 이들 가운데는 여자들과 어린아이 등 수많은 민간인도 포함되어 있었는데 일왕의 부하들이 이들에게 석유를 쏟자마자 곧바로 기관총을 난사하여 총탄이 사람들의 몸통을 꿰뚫을 때 석유에 불이 붙었고 시체 더미는 산을 이루었던바 일왕들이여! 네 죄를 알겠는가고 물으면 대가리를 좌우로 도리질할 것이 뻔하니 이 죄목을 염라대왕에게 묻겠노라!

"염라대왕이시어! 지옥의 정문을 지킬 개가 필요하지 않습니까? 혹시 개가 필요하면 일왕과 그 부하들을 문 앞에 매놓으시지요"라고 청하니 그러하겠다고 대답하였으므로 지옥정문을 지키는 개의 형벌을 선고하여 국제사법재판소에 구형求刑을 청구하겠다.

2차 세계대전 이후 난징대도살南京大屠殺에 참가한 어느 일본군의 일기가 발견되었는데 일기 내용에서 '심심하던 참에 중국인을 죽이는 것으로 무료함을 달랬다'면서 '산 채로 묻어버리거나 장작불로 태워 죽이고 몽둥이로 때려죽이기도 했다'고 적혀 있었으니 이놈에게는 좀 가볍게 1만2천 년 징역형을 선고함이며, 난징을 침공한 일왕의 부하들은 중국 여성을 집단윤간集團輪姦, 선간후살先姦後殺,먼저 강간한 뒤에 죽임하며 성노리개로 삼는 것에 그치지 않고 강간 후 착검한 소총으로 찌르고 베며 참혹하게 살해했다. 집단윤간 선간후살 대상이 10살도 채 안 되어 보이는 어린이부터 60, 70대 노파까지 그 대상을 가리지 않았으니 그 죄 또한 3만6천 년의 징역에 처한다.

일본제국 일왕 히로히토의 부하들이 자행한 중국 난징대도살.

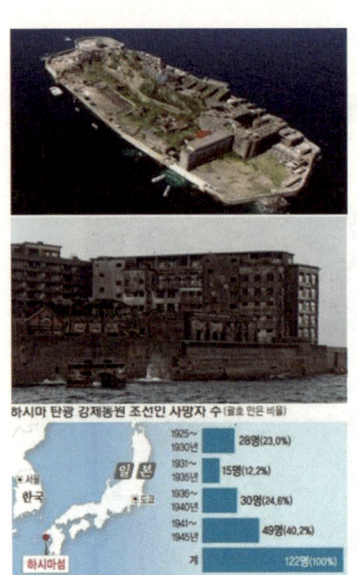

일본은 하시마端島가 군함을 닮았다 하여 군함도라 일컬으며 세계문화유산으로 등재했다(上). 조선인들의 숙소와 사무실로 이용하던 건물이 폐허로 변한 모습(中). 대한민국 정부기관이 공식 집계한 사망자수(下).

또한, 일본군은 수녀와 비구니를 포함하여 난징의 여성들을 보이는 대로 능욕한 무차별 여성능욕죄를 무엇으로 다스려야 마땅할지 참으로 어려운 문제이다. 이 범죄는 항간에 떠도는 법으로는 어려울 듯하다. 하여 일본제국 군통수권자이자 침략전쟁 A급 전범자인 히로히토 일왕은 『난징의 강간・그 진실의 기록 The Rape of NanKing』의 저자 아이리스 장Iris Chang을 똑똑히 기억하라! 난징의 강간 현장을 두 눈으로 똑똑히 보고 영상으로 담고 사진으로 기록하여 히틀러에게 보고한 독일인 기업가 욘 라베John Rabe를 기억 속에서 지우지 말라! 두 사람은 일본인의 양심을 위해 죽어간 사람들임에 감사하게 생각하라! 이들의 기록은 모두 진실이니 부정하지 말라! 일본 나가사키 남쪽 해상에 떠있는 하시마端島군함도의 탄광으로 조선인 8백여 명을 강제연행하여 지하 1천 미터 깊이까지 파고 들어가 석탄을 캐게 하면서 먹을 것도 제대로 안 주고, 입을 것도 제대로 주지 않으면서 혹사시켜 질병, 익사, 낙반사고사 등으로

122명을 죽게 한 죄가 있고, 이들 피해 조선인들 가운데 해방을 맞이하여 고향으로 돌아온 생존자들이 "갱도 안은 서지 못할 정도로 좁고 온도가 섭씨 45도를 넘었다. 노역 중 돌이 떨어져 머리가 찢어지거나 이따금 떨어진 돌에 맞아 사망하는 사람도 있었다", "하루 12시간씩 일하면서 쉴 시간은 몇 분도 주지 않고, 심하게 매질을 할 때가 많았다", "탄광이 무너지는 사고가 잦아 죽는 사람이 많았다. 많은 사람이 도망가려 했지만 대부분 잡혀 심한 고문을 당했다"고 증언하였으나 일왕은 소 닭 보듯 하며 웅크리고 앉아 콧방귀나 뀌는 인권유린망각죄人權蹂躪忘却罪, 마샬군도 전쟁터로 강제연행한 조선인 정진영 씨의 부친에게 동료들의 허벅지 살을 고래 고기라 속여 먹인 인간도축식용급식죄人間屠畜食用給食罪, 조선의 민족시인 윤동주를 항일운동을 했다는 이유로 후쿠오카형무소에 가두고 마루타로 취급하여 생체실험으로 죽게 한 죄, 이 전쟁범죄는 생각하기도 싫지만 일왕의 죄를 확인해야 하므로 말하건대, 지상 최악의 비인간적이며 반인륜적인 '세계여성성폭행죄世界女性性暴行罪'로서 처분에 앞서 지상의 모든 법을 동원하겠으니 색불루단군 8개금법 제1조와 함무라비 형법의 모든 조항, 로마제국 형법 전 조항 그리고 세계 올림픽 참가국 전체의 민·형사 처벌법과 국제사법재판소의 형법 전 조항을 적용함을 전제한다. 만약 일왕이 말을 듣지 아니하면 모처某處의 형벌법에 따라 일단 끓는 유황불에 넣겠음을 미리 알리니 성실하게 답변하라.

강제로 징용·징병한 조선 청년, 종군위안부 조선 부녀자, 노무징용 조선 청년을 대량 투입함. 〈역사신문〉

자! 지금부터 그 죄를 명시하겠노라!

일본제국 군바리들의 성노리개감으로 조선과 중국을 비롯하여 필리핀, 인도네시아, 말레이시아, 태국, 대만, 미얀마, 네덜란드의 처녀와 부녀자들을 닥치는 대로 강제연행·납치強制連行=拉致했고, 가난한 농민의 딸들을 기만적인 방법으로 유괴했고, 농촌 처녀들을 인신매매 수법으로 끌어갔고, 가난에 시달리는 순박한 시골 처녀들을 방직공장에 취직시켜 준다고 속이거나 특수간호사로 채용한다고 속여 전쟁터로 끌고 다니며 일왕 부하들의 성욕을 충족시키려고 천막

속이든 토굴 속이든 판잣집이든 통나무집이든 아무 데나 햇빛과 비를 가리고 눕히는 시설만 있으면 위안소를 설치·운영하고 썩은 시궁창보다 더 더러운 일왕 부하들의 병독수病毒水를 뿌려대 임질과 방광염에 걸려도 치료도 제대로 해주지 아니하고 그 강간과 성폭행 지역은 전쟁터마다 이어졌는데, 일왕과 그 부하들의 세계여성성폭행 죗값은 3천만 번 썩어 죽을 죄목인바 3천 갑자甲子(육십갑자의 첫째. 3,000년×60년=180,000년) 징역에 처하겠는바 중국 동북부 지역인 만주지방에서 러일전쟁 이후에 차지한 지배권역에서부터 매춘업을 시작하여 같은 중국의 화북지역인 천진天津, 북경北京, 청도靑島, 제남濟南, 석

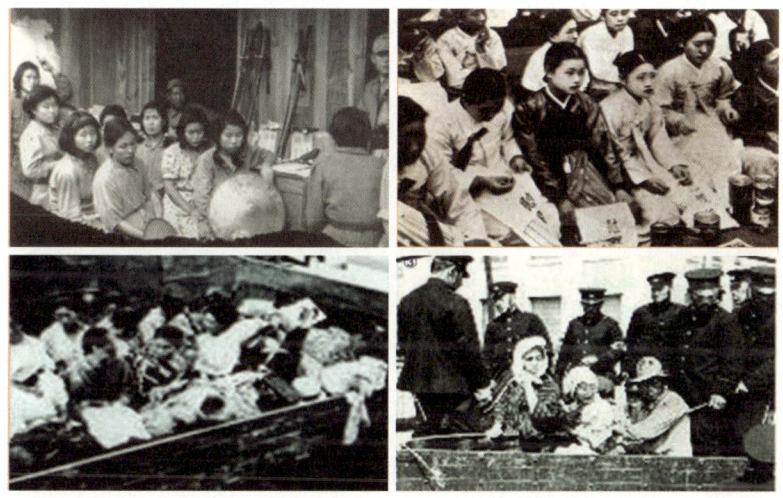

조선 여성들을 본향 또는 전쟁터에서 무차별 납치하는 일왕의 부하들. 이들은 어디로 가는지도 모른다. 당장 일본 경찰의 총칼이 무서워 따를 뿐이었다. 따르지 아니하면 고향에 남은 가족에게 공갈·협박을 퍼부어 괴롭혔다.

한국 여성인권운동가들의 노력과 헌신으로 세계 곳곳에 세운 평화소녀상. 얼마나 자애하고 온순한 가! 이런 평화소녀상이 훼손되고 있다. 소녀상 훼손은 자신들이 세계여성에게 저지른 범죄에 대해 사죄도 반성도 할 줄 모르는 일본 정부와 그 작전세력들이 아니면 그런 현상은 없다.

가장石家莊, 태원太原, 장가구張家口, 임분臨汾, 대동大同, 서주徐州, 보정保定, 포두包頭, 창덕彰德, 당산唐山, 장점張店, 풍태豊台, 정현定縣, 덕주德州, 지부芝罘, 유현濰縣, 청주青州, 선화宣化, 통주通州, 고북구古北口, 남구南口, 남원南苑, 후화厚和, 신포新浦, 양천陽泉, 산해관山海關, 당고塘沽, 창주滄州, 진황도秦皇島, 유차榆次, 순덕順德, 방자坊子, 치주淄州, 장신점長辛店, 마란욕馬蘭峪, 용구龍口와 산동성 위해威海, 고밀高密, 박산博山, 랑방郎坊, 강장康莊, 교주膠州에서 8천9백31명을 위안부로 삼았고, 같은 중국의 화중지역인 상해 일대에 대일大一, 소송정小松亭, 호관好館, 호월滬月, 말광末廣에 지정 위안소가 있었고, 해군위안소로는 일심정一

일본제국의 대륙침략은 멈춰진 시계가 아니다

心亭, 동우원東優園, 대승관大勝館, 축자筑紫, 부주浮舟, 도정都亭, 상해구락부上海俱樂部, 승리정勝利亭, 홍몽紅夢, 송죽松竹, 산유山遊, 해내가海乃家에 설치했고, 육군위안소로 미요시みよし, 평화장平和莊, 입화루立花樓, 제2가무천第二加茂川, 일동日東클럽, 경옥京屋, 부도루敷島樓, 화월花月, 옥내가玉乃家를 설치하였으며, 남경南京, 진강鎭江, 무호蕪湖, 양주揚州, 단양丹陽, 금단金壇, 소현巢縣, 표수漂水, 상주常州, 회음淮陰, 희락喜樂, 부용芙蓉, 호월湖月의 위안소가 있었고, 구강에도 설치했고, 남창시 영공묘靈公廟에 부도루敷島樓라는 군특수위안소가 있었고, 무한 지역에서 3백95명의 처자들을 농간했으며, 호북성 의창宜昌 평화리平和里에도 군 특수위안소인 아야메あやめ가 있었고, 같은 중국의 화남지역인 항주에서 1백55명의 처녀들을 농간하였고, 하문廈門에서는 79명의 처녀들을 납치해 농간했으며, 광동지역에서는 경비대장과 헌병대의 감독 아래 8백50여 명의 처녀들을 잡아다 위안소를 개소하여 4~5만에서 10만에 가까운 일왕의 부하들이 농락·농간·강간하는 장난감으로 쓰게 하였으며, 1941년 12월 8일 구룡반도九龍半島를 점령하고 영국의 중요 근거지인 홍콩을 습격하여 12월 25일 홍콩을 점령하고 홍콩총독부를 설치하여 그 책임 아래 위안소를 설치하여 일왕 부하들의 더럽고 추악한 성병을 잔혹하고도 난잡하게 퍼트렸으며, 타이와 베트남에서도 위안소를 만들었고, 미얀마에 3천 2백 명의 조선 처녀를 끌어다 일왕 부하들의 위안소를 만들었고, 필리핀의 루손섬에서는 제1위안소에서 제8위안소까지 설치하여 하사관용과 병사용으로 1천64명의 처녀들을 밀림에서 농락했고, 4개소의 장교클럽에서는 1백19명의 처녀들을 희롱·강간했으며, 민다나오섬에서도 하사관과 사병용 위안소를 만들었고, 파나이섬과 시부섬에서도 1942년 5월쯤에 37명의 처녀들을 일왕 군바리들의 헐어 곪은 육골육수肉骨肉水와 임질균으로 병들게 했고, 레이테삼과 마스바테섬에서는 경비대 군인구락부를 설치하여 각 중대별로 능욕·지랄하는 날짜를 배당하여 정했고, 말레이시아와 싱가포르 각 지역의 화교를 숙청하면서 위안소를 만들어 병독수病毒水를 뿌려댔는데, 말라카주와 네그리셈비란주 7개 도시 가운데 5개 도시에 위안소를 설치해 놓고 청풍장淸風莊이라 이름 짓고 수십 명의 무고한 처녀들을 희롱·농락하였고, 싱가포르와 조호르주에서는 일왕의 근위사단 통신부가 맨 먼저 위안소를 설치하였는데 1943년 조호르주 바투파하에서는 교회당을 위안소로 하여 10명의 현지 처녀를 성폭행하여 평생 씻어지지 않는 상처를 입혔으며, 말레이반도에 상륙한 직후에는 방콕으로 일왕의 부하 군인을 파견하여 처녀들을 납치하여 잡아오도록 하였고, 콸라룸푸르에서도 역시 같은 방법으로 아시아의 여성들을 납치·강간·감금·학살·생매장하였는바 그 죄가 명확하게 입증되고, 주한일본대사관 앞에서 1992년 1월 8일 시작한 한국정신대대책협의회 수요집회를 2019년 2월로 1,371회나 치르면서 피해자들이 사죄와 보상을 요구하고 있으나 일왕은 일언반구一言半句도 없는 후안무치·파렴치 불한당죄不汗黨罪와 더불어 평화의 소녀상을 훼손하고 무너뜨린 죄를 선고한다. ―에라! 이 침략화적떼들아 귀뺨머리에 하늘에서 내리는 급살탕이나 되게 맞아 천 길 낭떠러지로 곤두박질쳐 뒈져라"―

이렇게 대본영은 성폭행군바리 양성소였다.「삼광작전」을 전개하고 사람을 산 채로 해부하고 각종 동물적 방법으로 실험했다. 일본제국 일왕 일가와 현재 일본 총리 아베 신조安倍晋三는 이제 사람으로서 사람답게 참회의 눈물을 흘리며 가슴과 입으로 말하라!.

우리 선조들은 침략자들이었어! 우리는 선조들의 죄를 씻어야 할 의무가 있어!
私たちの先祖は侵略者でした! 私たちは先祖の罪を洗う義務があります!
Our ancestors were invaders!
We have a duty to wash away our ancestors'sins!
我们的祖先是侵略者! 我们有义务洗掉祖先的罪恶!

순량하고 소박한 조선 청년들을 비행기 조종사가 될 수 있다고 속여 데려가 카미가제특공대로 훈련시켜 공중분해시킨 죄, 아오모리현 시모키타반도에서 돌격용특수함정 신요震洋를 조종토록 훈련시킨 죄, 국가간 각종 협정은 불법적이며 무력적 늑약이었고, 조선 황제의 옥새를 훔쳐 서명을 위조하여 체결하고, 한 도시에서 30만여 명의 무고한 시민을 학살하고, 수백만 명의 외국 양민을 납치하여 일왕의 침략전쟁 감행수단으로 이용하고, 열두 살 어린이들까지 무차별 끌어다가 일왕의 부하 군바리들 성노리개로 삼고, 인간을 독가스·페스트균·탄저균·생화학 맹독들로 생체실험하고, 그러다가 일본이 패전하자 알래스카 강가에 사는 능청스런 불곰이 내장과 알을 쭉쭉 빨아 빼먹은 연어를 버리듯 버렸으니 그 죄명은 일왕의 후손들에게 더 검토하라고 남겨놓고, 다시 조선의 전통 우호국이자 수교국인 중국에서 저지른 만행을 살펴보면 1874년 4월에 중국영토 대만을 침략했고, 1881년 중국의 유구열도를 완전히 침략·강점했고, 1894년 청일갑오전쟁을 일으켜 청국의 북양해군을 전멸시키고 청나라를 협박하여 마관조약馬關條約을 체결토록 하여 사실상 조선을 일본의 지배 아래 두었고, 요동반도, 대만, 팽호열도를 일본에 분할하라며 빼앗고도, 오히려 백은白銀 2억 냥으로 배상하라 했으니 천인공로할 죄이며, 1896년 이토 히로부미 내각은 10년 군사력 확대계획을 세우고 이에 투입할 자금 7~8억 엔의 40%를 중국에서 강탈한 배상금으로 충당한 죄가 있고, 이같이 중국 인민의 피땀으로 군사력을 증강하여 중국을 침략하는 기반을 마련하는 하이에나만도 못한 죄를 저질렀으며, 1899년 산동성에서 시작한 중국인민봉기인 의화단을 연합군에 편승하여 무참히 살해하고 불평등 신축조약辛丑條約을 체결한 죄가 있고, 북경, 천진, 산해관에 이르기까지 일본군 주둔권을 확보하고 백은 5백만 냥과 청나라 궁궐에서 보물을 약탈해 갔으며, 이후에도 백은 3천만 냥을 강탈해 간 마적강도죄가 있고, 1927년 일본 내각이 소집한 소위 동방회의東方會議에서 중국침략방침을 확정한 침략회의 소집·의결죄가 있고, 사무라이카이櫻會 무리가 이 동방회의를 주도하며 소련에 한반도를 38선으로 나눠 갖자고 제의한 무썰기식 침략죄, 1928년 6월 4일 일본관동군으로 하여금 심양 황고툰에서 봉계벌군 장작림張作霖이 타고 가던 기차를 폭파하여 죽이고 동북독립을 책동하여 중국 동북3성을 독점할 음모를 실현코자 한 영토강탈죄, 1931년 9월 18일 남만철도 폭파사건, 일명 9.18사건을 조작하여 발발한 전쟁으로 각종 화포 3,091문, 군용차 26대, 보병총과 권총 11만8천606정, 기관총 5천8백94정, 비행기 2백62대를 손괴하여 18억 상당의 피해를 입힌 죄, 이때부터 14년 동안 석탄 2억 4천만 톤, 선철 1천2백만 톤, 황금 22톤, 곡물 2억 2천8백만 톤, 목재 1억입방미터를 약탈한 죄, 9.18사변 이튿날 심양동삼성관 총호대금고에 보관한 황금 16만 근을 몽땅 훔쳐간 도적죄, 이 같은 수법으로 중일전쟁을 촉발한 죄, 1938년 11월 화중華中, 화남華南지방에서 군용권 사용방법을 일왕이 멋대로 공포하고 화폐가치가 전혀 없는 휴지조각에 불과한 종이를 폭력과 공갈로 1940년 말까지 시장에 유통시킨 죄, 이때 일본 본토에서 중국 화폐를 대량으로 인쇄하여 중국으로 가져와 일왕의 부하 군인들이 이 돈으로 중국 물건을 사들이도록 한 위조화폐사용독려죄僞造貨幣使用督勵罪, 1939년 산서대동탄광에서 물이 터져 나와 2천여 명을 수몰·사망케 한 수몰·생매장살인죄가 있고, 중국 동북지방과 화중, 화남지방에서 탄광, 철광, 금광, 마그네슘광, 석유광을 강점한 강도죄, 이때 동북지방에서 노동자 2백만 명 이상을 학살하면서 1만 명 이상 무덤이 4 곳이나 되는바 사체유기와 집단살인죄, 료녕성 무순탄광에서 석탄 2억여 톤을 약탈하면서 만인갱萬人坑(1만 명 이상을 묻을 수 있는 땅굴무덤) 30여 곳과 30만 명의 광부를 죽게 한 인간쓰레기취급죄, 흑룡강성 지시鷄西탄광에서 만 명 무덤 7곳과 화장터 5곳을 설치하여 10여만 노동자를 살해한 살인죄, 산서대동山西大同탄광에서 석탄 1천4백만 톤을 약탈하면서 만 명 무덤 14곳을 만들고 노동자 6만여 명을 죽인 죄, 길림성 료원탄광 부근 언덕에 광부들의 시체 179위位를 집단 매립한 죄, 1940년 초 하북정형河北井陘탄광 가스폭발사고 때 일본 탄광장의 명령으로 입구를 봉쇄하여 1천2백 명 광부를 타 죽게 한 살인죄가 있고, 1941년 5월 25일 탄광갱도에서 가스폭발사고 때 탈출하는 노동자를 구조하지 아니하고 오히려 갱도 입구를 막아 3백 명을 타죽게 한 화염방치살인죄가 있고, 1944년 4월 동성광東城礦 1호 갱도 낙반사고 때 탈출하려는 노동자를 가로막아 중국 노동자 20여 명을 죽게 했다. 각종 군사시설공사장에 강제연행하여 강제노동으로 무참하게 혹사하고 공사가 끝나면 기밀누설방지수단機密漏泄防止手段으로 노동자를 음식독살飮食毒殺과 총살로 집단학살한바 1939년 소련과의 전쟁전략으로 7개소 대규모 군사시설 공사장에서 3만여 명의 중국 인민을 살해했다. 1944년 내몽고 후란호터 부근에서 흥안령 군사시설을 완공한 뒤에 시공에 참여했던 5천여 명 모두를 기관총으로 집단살해 했다.

일왕은 전쟁이 태평양 전 지역으로 확산 발발한 뒤로 되도록 빨리 중국대륙을 삼키려고 더욱 날카로운 피 묻은 송곳니를 노골적으로 드러내고 학살의 강도를 높였는데 이름하여「삼광작전三光作戰」이라 하여 명령을 내렸다. 이것이 바로 학살기술훈련을 받은 일왕 군바리의 침략행동지침으로 모조리 불사르고, 모조리 죽이고, 모조리 약탈하는 전략이었다.

1940년 10월에 화북방면 일본군에 하달한 소탕명령을 살펴보면 "무릇 적 구역 안에서 사람은 남녀노소를 막론하고 반드시 전부 죽일 것, 모든 가옥은 반드시 일률로 불사르고, 모든 군량과 마초는 운반하지 못하는 것은 일률로 불태우고, 솥과 그릇도 일률로 부수고, 우물은 일률로 묻거나 독약을 넣고, 이로써 팔로군의 근거지를 완전히 섬멸殲滅하는 목적을 달성하라고 하여, 일왕이 시키는 대로 행동하는 수하 군인들의 잔학무도殘虐無道한 살인殺人·방화放火·약탈掠奪·파괴破壞·독살毒殺·강간强姦·윤간輪姦·선간후살先姦後殺로 백성들의 피해가 가히 헤아리기 어려운 만큼 인간백정·금수욕정·살인강도죄人間白丁禽獸欲情殺人强盜罪를 적용한다.

1938년부터 화북지역에서 일왕 병력 1천 명 이상을 동원하여 민간인 마을을 109차례 휩쓸어 없앴는데 그 병력이 무려 50만을 넘었고, 1941년부터 1942년까지 2년간 같은 화북지역에서 일왕 병력 1천 명 이상 규모를 동원하여 민간인 마을에서 174차례「삼광작전」으로 휩쓸며 앞에 기술한 각종 난동을 부렸다.

일왕 군바리들이 중국을 침략하여 민가를 습격하여 주민을 죽이고(左) 포로로 하여 총검술 훈련용으로 하거나 생매장 또는 마루타로 이용했다(右).

　1941년 8월에는 일왕 병력 5만여 명을 동원하여 진찰기변구晉察冀邊區에서 두 달 동안「삼광작전」을 펼쳐 북악구北岳區 한 마을에서만 4천5백 명의 무고한 백성을 잔혹하게 학살했고, 가옥 15만여 채를 불살라 태웠고, 5천8백만 근의 식량을 빼앗았다.

　1942년 5월 1일 일왕 부하 대장 오카무라岡村寧次를 시켜 병력 5만 명으로 소위 '5·1대소탕'을 감행하여 중국 양민 5만여 명을 학살했으니 그 참상을 목격한 백성이 "이 일을 어찌 하늘에 고하겠느냐!"고 원통하여 가슴을 치며 울부짖으니 그 죄가 하늘을 찌르는 하늘님모독죄가 되었다.

　일왕의 부하들이 1937년 11월에 중국 무석無錫에 침입하여 시민을 무차별 도살하였고, 행정기관, 상점, 공장에서「삼광작전」을 잔인무도하게 감행했고, 방직공장과 제철공장에서 설비와 제품을 모조리 실어간 뒤 무석시를 불바다로 만들어 번화거리와 명승고적을 폐허로 만들었으니 그 죄 또한 하늘에 고하기가 어려운 살인방화약탈죄에 해당한다.

난징시南京市에서는 도시의 모든 상점에 있는 물건, 상품, 그릇, 도자기, 보물을 그놈들 마음 먹히는 대로 트럭으로 실어갔고, 개인주택에서는 중국인 소유든 외국인 소유든 불문하고 싹쓸이하였는데 이때 도심의 불길은 39일이 지나도록 꺼지지 아니하였으며 약탈도 둑놈들의 행동은 마치 한가로이 이삿짐을 나르듯 하였으니, 체면이고 염치고 낯짝이고 없는 자들의 소행인지라 누구에게 알리기조차 민망하다.

난징 시민 등지육鄧志陸의 집에서 일왕의 부하들이 은돈 300개, 금팔찌 2개, 금가락지 4개, 현금 9천 원을 약탈하고 그것도 모자라 그의 어린자식과 어머니를 강간하고 살해하였으니 가정파과죄를 선고한다.

1941년 명절날春節에 일왕의 군인들은 내몽고 몽고족의 종교문화 중심지인 왕애소王愛召 사당을 3일간 물로 씻듯이 약탈했으니 사당부지 50무1만평 안에 있는 정전 49칸, 법륜전 81칸, 금불상, 금속기물, 보석, 문화유물을 모조리 방화·약탈하여 위대하고 장엄한 성전이 순식간에 잿더미로 변했다. 일제 육군 117사단 중장 스즈키鈴木啓久는 반가대장潘家戴莊 마을에서만 1천2백 명의 백성을 도살하면서 어머니 품에 안긴 아기를 빼앗아 내팽개쳐 죽게 했고. 이날 날창과 기관총으로 1천2백82명을 학살했고, 만삭인 임산부의 배를 칼로 베어 임산부와 태아를 산 채로 땅에 묻었으니 "아! 이를 어찌 인간이

일왕의 첫째동생 치치부가 동남아시아에서 해적질하려고 침략함대인 9천톤급 후지마루吉土丸에 대형 십자가를 설치하여 병원선으로 위장함.

라 할 수 있는가! 옥황상제님은 이 같은 인간을 만드시지 아니했잖습니까?"고 항변하였으니 타민족문화말살죄他民族文化抹殺罪와 양민유아살해죄良民幼兒殺害罪에 해당함을 선고한다.

 화중華中 방면군 일제공군 참모장 요시모토吉本貞一의 실토에 따르면 광주, 상해, 중경, 소주, 란주, 귀양, 성도, 서녕에서는 적군과 일반 백성에게 정신적 위협을 가하려고 비군사시설인 학교, 병원, 명승고적, 일반주택, 상업구역을 무차별 폭격하였음이 밝혀졌다.

 1939년 말까지 일제 일왕 수하 군바리들은 만리장성을 따라 천리 무인구역을 만들었는데 피해 동북양민이 5백만이 되며, 무순전범관리소 한 곳의 통계만 보더라도 심양특별군사법정의 심판대에 오른 일본인 범죄자가 무려 9백82명이었는데 이들이 실토한 말에 따르면 중국군 포로와 무고한 양민을 학살한 수가 94만9천8백14명, 마을 합병 이유로 고향마을에서 강제추방당한 양민이 4백1만 명, 약탈한 식량이 3천6백만 톤, 석탄은 2.2억 톤, 철강은 2천만 톤이었다.

1943년 4월부터 1945년 5월까지 중국인 3만8천9백35명을 일본본토 내로 강제연행하여 노동을 강요하면서 그 가운데 6천8백30명을 사망케 했고, 6천9백75명을 부상케 했으며, 4백67명의 장애인을 남겼다.

일본제국주의 두목 일왕 히로히토의 중국의 동북3성을 영원히 차지하려는 야욕은 식을 줄 몰랐다. 1936년부터 20년 안으로 1백만 호 주택건립계획을 세우고 일왕들 백성 10만 세대 30만 명을 이주시키고, 조선인 소유 농토를 강제로 몰수한 토지가 2백65만 쌍(1쌍은 3천 평이므로 2,650,000×3,000=7,950,000,000 즉 79억 5천만 평)이었으니 타국민 토지노략강점죄他國擄掠土地强占罪에 해당한다.

중국 인민들의 항일전쟁 14년 동안 중국 군인과 민간인 사망자가 3천5백만여 명, 직접 재산손실이 1천억 달러, 간접 재산손실이 5천억 달러로 그 수는 천문학적인 수치였다.

1943년 1월 중국의 동부지역과 대만, 인도네시아, 필리핀 등 동남아 전 지역을 포함하여 사할린까지 절대방위권을 설정한 일왕은 패전의 먹구름이 짙어지자 치시마열도千島列島와 사할린에 해군전용비행장, 군용도로, 진지를 구축하는 데 눈알이 새빨갛게 물들면서 광기狂氣가 재발再發하여 잔혹하기 짝이 없이 공사를 감행했는데 공사가 끝나면 군사기밀을 보호한답시며 강제연행한 조선인 수백 명을 폐선廢船에 태운 채 바다 한가운데에서 폭탄장치로 배 밑바닥을 뚫어 침몰시켜 수장했다.

1943년부터 패전준비에 들어간 대본영은 그해 3월에 일왕 히로히토의 첫째 동생 치치부를 결핵환자로 둔갑시켜 후지산(富士山, Fuji Mount)으로 요양하러 들어간다고 신문에 거짓 보도하고 군복을 벗게 했다. 그리고는 침략함대 여섯 척을 병원선으로 위장하여 치치부에게 진두지휘토록 하였는바 동남아 일대에서「황금백합작전金のゆり」을 전개하여 한국은 물론이고 중국, 태국, 버마, 말레이시아, 베트남, 인도네시아 등지에서 황금불상, 금괴, 문화재, 재물을 대량으로 약탈했다. 이는 누가 보아도 해적·마적·산적·떼적·화적질이었다. 조상 대대로 약탈유전자掠奪遺傳子로 이어진 왜구의 근성을 그대로 나타내 보였다.

여기서 잠시 요약하면「황금백합작전金のゆり 黃金百合作戰」은 전후戰後 일제가 경제회생용經濟回生用 자금을 확보하려는 작전으로 아시아를 휩쓴 거대한 진공청소기였다. 일본인의 첫 번째 약탈리스트는 한국의 고려청자였다. 한국이 일본과 병탄된 이상 문화재 약탈은 더는 도둑질이 아니었다.

일본이 군사적으로 패배해도 필리핀은 계속 자국 영토로 보유하리라 예상하고 루손섬 전역에 175개의 지하저장고 즉 황실보물창고皇室寶物倉庫를 건설하였다. 황실보물창고가 완성되자 수석 엔지니어 175명 전원이 보물창고에서 송별파티를 벌였는데 한밤중이 되어

야마시타 토모유키山下奉文 대장과 왕자들이 슬며시 빠져나오고 터널 안에서 다이나마이트를 터트려 175명의 엔지니어들을 모두 생매장 했다. 역시 황실보물창고를 지키려는 기밀누설방지수단이었다. 그 때가 1945년 5월 초였다. 야마시타와 왕자들은 잠수함을 타고 본국 으로 탈출했으며 3개월 후 미군에 항복했다. 와타나베 와타루 대령 은 북중국에서 10년을 보내면서 약탈과 강탈 수법으로 부유한 가문 소속의 중국인들을 납치해 귀, 코, 손가락에서 시작하여 유방과 고 환에 이르기까지 신체 절단하기 등 각종 고문기법을 개발했다. 특 히 장자長子를 거세去勢: 남성의 불알을 까버리거나 여성의 난소를 제거하여 생식기능 을 없앰 하겠다는 협박이 가장 효과적이었다고 자랑했다.

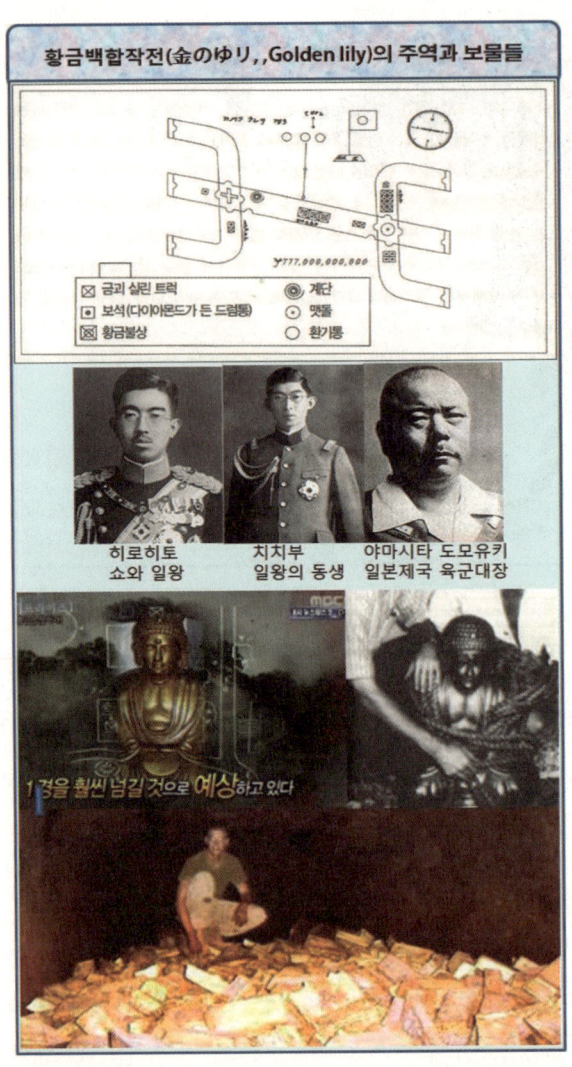

히로히토의 명령으로 동생 치치부와 야마시타 도모유키가 진두지휘한 골든릴리는 대본영 권좌 히로히토의 명령 없이는 할 수 없는 전시 행위임. 크고 작은 불상이 수십 개에 이르며 금괴는 수만 톤에 이른다. 175군데에 달하는 넓고 좁은 지하보물창고의 구조(上)로 보아 그 약탈의 규모를 짐작케 한다.

일본제국의 대륙침략은 멈춰진 시계가 아니다

치치부가 함장인 해적선海賊船은 동남아 전 해역을 항해하면서 보물들을 필리핀과 일본으로 수송했다. 전쟁이 끝날 즈음에는 금괴를 가득 실은 채 마이즈루해병단이 있는 마이즈루만 바닷속으로 가라앉혔다. 이 배는 1990년 일본인들에 의해 다시 발견되어 건져 올려졌다. 사도섬의 또 다른 미츠비시 금광에서 일했던 1천 명 이상의 한국인 노동자들도 전쟁이 끝나면서 흔적도 없이 사라졌다. 다케다 왕자는 산 페르난도 고원지대에 근거를 두고 여러 개의 초거대 동굴 보물창고를 건설했다. 또한, 그는 섬 전역에 산재散在해 있던 175개의 다른 황실보물창고들을 건설하는 각각의 수석엔지니어들의 작업을 지휘했다. 황실보물창고 현장을 최종 점검하는 킴수(다케다 왕자)가 만족하면 그 창고는 그 안에서 일하던 연합군 전쟁포로, 노예노동자들과 함께 봉인되었다. 언젠가 한 창고가 봉인되려 할 때 중국인 노예 한 명이 탈출했다. 일본군이 그를 붙잡지 못하자 킴수는 금괴가 든 270개의 청동상자를 다른 곳으로 옮기라고 명령했다. 산 페르만도 기지 근처에 필리핀 최대의 보물창고 단지 중 하나가 인접해 있었다. 킴수 명령에 따라 사람들은 그곳 지하에서 꼬박 3년 동안 천연동굴을 확대하고 철근콘크리트로 보강했으며 그것들을 인접 터널과 연결했다. 산 페르난도 지하의 창고는 '터널-8'이라고 불렀는데 크기가 축구장만 하다고 했다. 벤과 킴수는 조악한 엘리베이터를 타고 220피트(약70미터) 아래로 내려가 측면 터널의 입구에 닿았다. 주변으로는 마치 바큇살처럼 방사형으로 뻗은 6개의 터널이 있었다. 그 터널 중 한 곳으로 들어가자 청동상자들이 바닥부터 천장까지 킴수의 키보다 훨씬 높게 쌓여 있었다. 킴수와 벤은 계속 걸어서 매우 긴 터널을 통과해 체육관 크기의 다른 창고에 도달했다. 밤방 공동묘지에 접해있는 이 창고는 금괴로 가득 차 있었다.

"내가 본 것은 엄청난 양의 금이었습니다. 부처처럼 생긴 큰 동자상도 있었습니다. 다른 두 개의 커다란 불상과 아마 스물다섯 개의 좀 작은 것들도 있었습니다. 순금이 아니었다면 거기 있지도 않았을 것입니다."

배는 마닐라만의 카비테시에서「황금백합작전」으로 약탈한 금 100톤 을 실었다. 그 후 출항할 때 나치호는 마닐라만에서 숨어 기다리고 있던 일본 잠수함한테 고의로 어뢰 공격을 받았다. 물 위로 떠올랐던 승무원들은 잠수함 승무원들의 기관총 사격을 받았다. 높이 13피트의 세 번째 불상은 너무 무거워 터널 안에 넣기 위해 두 대의 불도저가 사용되었다. 한 대는 끌고 다른 한 대는 밀었다. 불상이 제자리에 놓였을 때 앞에서 끌었던 불도저는 나올 수 없었다. 모든 전쟁포로들은 트럭에서 짐을 내려야 한다는 이유로 터널 안에 남으라는 명령을 받았다. 1,200명이 모두 터널 안에 있을 때 불도저들이 마지막 입구 쪽으로 흙을 밀어 넣기 시작했다. 일하던 포로들이 생매장될 것을 알고 비명을 지르며 입구를 향해 달려나갔다. 각 입

일왕이 전쟁총지휘본부인 대본영을 옮기려고 파들어간 나가노시 마츠시로 상산 밑 화강암 굴. 미국과 최후의 결전에 대비해 게릴라전을 펼 준비의 하나로 화강암을 뚫고 굴을 파고 들어갔다.

구에 이미 설치되어 있던 기관총이 그들을 쏘아 쓰러트렸다.

- 이상 야마시타골드. 스털링 · 페기 시그레이브/김현구 옮김. 옹기장이. 2003.12-에서 간추림 -

1944년 말 연합군의 본토 공습이 잦아지면서 패색이 짙어지자 일왕의 처자식과 궁녀들과 전쟁총지휘본부인 대본영大本營을 나가노시 마츠시로松代로 옮기려고 화강암 덩어리 상산象山 지하에 바둑판처럼 10.4 km의 바위굴을 뚫었는데 이 공사장에 조선인 7천여 명을 강제연행하여 투입했다. 이 고난도 공사장에서 1천여 명이 희생되었다. 그뿐만 아니라 여기 마츠시로 공사장으로 조선 처녀들을 강제연행하여 일왕의 하수인들을 위한 위안소를 설치하고 성폭행한 강도폭행강간죄強盜暴行强姦罪가 오뉴월 내린 성에 되어 눈을 부릅뜨고 있다. 마츠시로 터널은 7천여 명의 조선인 노동자들의 피땀 어린 망치질로 파고 들어갔는데도 이들 조선인 대다수를 귀국하게 되었다고 유인誘引하여 오바스테산 골짜기에서 총살했다.

여기서 우리는 반드시 짚고 넘어갈 엄청난 사건이 있다. 바로 마츠시로 대본영 땅굴진지보다 18년 앞선 1926년부터 구축하기 시작한 제주도 땅굴진지를 잊어서는 안 된다. 순전히 대륙침략용 전초기지였다. 이 공사장에 제주도민을 무자비하게 납치하여 노동을 강요했다. 한 번 땅굴파기에 들어가면 죽어 시체가 되어서야 나왔다. 땅굴 속에서 살아 있는 자는 계속해서 망치질로 바위를 쪼아야 했다. 제주도 전 지역을 요새화要塞化할 작정으로 가는 곳마다 구멍을 뚫고 일본 본토 니가타현 밭쥐처럼 기어들어가 미군을 상대로 게릴라전까지 예상하고 준비한 것이다. 미군의 공습이 시작되어 3~4일 정도 지나면 김이 빠질 것이므로 그동안 땅굴 속에 피해 있다가 벌떼처럼 쏟아져 나와 공격하겠다는 전략이었다. 1945년 초에 옥매광산 노동자와 전라도와 충청도에서 끌어갈 때는 사실상 납치였다. 이 공사장의 강제노동, 고문치사, 학대, 살해한 노동강요살해죄악勞動强要殺害罪惡은 제주도 내 가는 곳마다 보이는 곳마다 참상이 원형 그대로 남아있다. 일왕이 패전을 선언하자 희생자와 부상자와 실종자에게 배상도 치료도 하지 아니하고 쥐새끼처럼 도망쳤다. 가마오름을 파 들어가고, 산방산을 뚫어 진지를 만들고, 단산 바위를 뚫고 들어가 포대를 설치하고, 해안 절경을 뚫어 돌격용특수정 격납고를 만들고, 가는 곳마다 지하에 탄약고와 무기고를 설치하여 자연문화유산을 훼손했다. 땅굴을 파는 사람들은 2년이 다 지나도록 밖으로 나오지 못했다. 그리고 제주도를 중국침략 전초기지로 할 셈으로 알뜨르에 비행장을 만들면서 활주로, 격납고, 지하탄약고, 지하방공호, 포대 등을 설치하면서 제주도민의 재산과 노동력을 약취한 해적·도적죄海賊·盜賊罪는 침략자들을 제주 관덕정으로 잡아들여 우선 곤장棍杖 3만 대씩 치고 사형에 처하면 야스쿠니신사로 데려갈 것이니 사형은 면해주고 차라리 징역 2만5천 년에 처한다.

 1945년 3월 12일 일본 본토를 사수한답시고 대미결전의 최후 보루로 제주도를 선택하여 「제주도결7호작전」을 명령·단행했다. 이때부터 더욱 눈알이 빨개지도록 잔인해진 일본군은 미군과의 결전에 대비하고자 전라남도 해남 옥매광산 노동자를 대거 재징용하여 제주도항을 경유하여 모슬포항으로 연행했다. 연행해 간 사람들은 가까운 공사장부터 투입되었다. 단산 땅굴포대, 가마오름, 샛알오름, 새신오름, 이개오름, 논오름, 모슬개오름, 도너리오름 등지로 투입하여 땅굴진지를 파게 했다. 수월봉 해안절벽과 송악산 해안절벽에서 적 군함에 돌진하여 격파하는 돌격용함정 신요震洋를 숨기는 격납굴을 팠다. 고사포진지, 박격포진지, 기관총진지는 물론 지하벙커를 구축했다. 알뜨르비행장 일대에 만든 전투기격납고는 쏟아

일본제국 일왕 히로히토의 부하들이 제주도에 설치한 대륙침략용 군사시설. ①알뜨르 들녘 전투기 격납고. ② 수월봉 해안초소. ③ 단산 바위굴 포대진지. ④, ⑤ 가마오름 땅굴진지. ⑥ 알뜨르 들녘 지하벙커. ⑦ 송악산 해안절벽 바위굴. ⑧, ⑨ 송악산 해안절벽 바위굴 내부(돌격용특수함정(震洋) 격납고. 이 시설은 일본이 중국과 동남아를 침략할 전략으로 만들었다.(사진제공: 제주평화박물관 이영근 前관장)

일본제국의 대륙침략은 멈춰진 시계가 아니다

부은 콘크리트 두께만 보아도 가히 그 노동의 강도와 고통을 짐작할 만하다. 굶주림과 뭇매에 죽지 못해 일해야만 했던 참혹한 공사장에는 옥매광산 노동자들뿐만 아니라 주로 제주도민이 끌려갔으며 전라남도와 충청도에서도 200여 명씩 납치되어 끌려갔다.

일제 패망으로 해방되어 돌아오는 배는 35톤 정도로 옥매광산의 책임자가 주선했다. 배에는 강제징용된 옥매광산의 광부 2백20여 명 정도가 탔다. 지난 3월 말 옥매광산 광물선별창고 앞 부두를 떠나 모슬포항에 도착하여 내렸던 사람들이 다시 승선했다. 전쟁은 끝났으나 그래도 낮에는 미군의 폭격을 우려해 배는 밤에만 운항했다. 고향으로 돌아가는 배였다. 그러나 그 배에는 일본군의 간악한 음모가 숨어 있었다. 모슬포항을 떠난 배는 추자도를 지나 청산도 앞바다에 이르렀다. 아니나 다를까 배 기관실 쪽에서 기관실 중유를 뒤집어쓴 불이 났다. 그래서 바닷물을 퍼부을수록 불은 더 번졌다. 사람들은 제각기 물에 뜰 만한 것을 찾아 붙잡고 바다로 뛰어들었다. 그 무간지옥無間地獄을 무엇으로 표현하겠는가! 신음소리조차 낼 수 없이 죽어가는 그 와중에 어디선가 경비정이 나타났다. 일본말을 하는 사람만 구조했다. 일본경비정이 그놈들만 구조하여 달아난 셈이다.

당시 살아 돌아온 생존자들의 증언에 따라 컴컴한 망망대해茫茫大海에서 118명이 사망·실종한 것으로 집계되었다. 판자 조각을 잡고 팔을 저으며 구사일생으로 살아난 이들은 완도 앞바다 청산도에

전남 해남군 옥매광산 유적. 마을과 산 전체가 옥이 묻혀있다 하여 옥동玉洞, 옥매산, 옥매광산이라 한다. 산에서 광석을 캐내 광물선별작업장으로 옮기는 거리도 3–4km로 만만찮았다. 쇠로 만든 손수레끌차로 마치 일개미처럼 줄지어 날랐다. 채굴광산도 여러 군데였다. 광물선별작업장 외벽은 미군의 기총폭격을 받은 자국이 그대로 남아있다. 광산에서 강제노동에 시달리던 사람들이 일제에 의해 재징용되어 제주도로 끌려갔다가 다시 돌아온 부두가 예나 지금이나 변함없이 고즈넉하다. 너나 할 것 없이 마을주민들이 해마다 위령탑 앞에서 희생자를 위한 제사를 지낸다. 그날이 8월 23일(음력7월16일)로 희생자 118명의 제삿날이 하루 한 날 같은 날이 되었다.

도달하였다. 청산도 주민들의 도움으로 그들이 떠났던 그곳 부두로 다시 돌아왔다. 손을 내밀면 닿을 것 같은 고향을 눈앞에 두고 죽어간 그들은 눈을 감지 못했을 것이다.

74년이 지난 지금도 항간巷間에서는 원인 모를 화재라고 말하지만, 필자는 일본군이 계획적으로 자행한 조선인학살만행이라고 단언斷言한다. 지금도 해남군 옥동마을 사람들은 한날에 제사를 지내는 집이 많다. 그날이 음력 7월 16일이다.

다시 일본제국의 범죄를 하나하나 살펴 선고宣告하겠다.

강원도 오대산 월정사 사고史庫에 보관한 조선왕조실록과 선원보각에 있던 책과 규장각 장서를 150짐으로 묶어 동해안 법문진을 통해 일본 동경대학으로 빼돌린 서적약탈죄, 사서史書 20여만 권을 압수하여 불태운 죄, 경주에 있는 신라시대 고분과 석굴암과 경남 창녕에 있는 가야고분을 파헤쳐 금관, 목걸이, 귀걸이, 팔찌 등의 금제품 수백 점을 훔쳐간 금품문화재탈취죄金品文化財奪取罪, 일왕이 전문 도굴꾼을 학교 교사로 둔갑시켜 공주 송산리 백제 무열왕릉 고분군을 마구 파헤치고 재물 수천 점을 갈취해간 문화재도굴마적죄文化財盜掘馬賊罪, 고려시대 석조물인 강릉 환성사 석불, 평양 영명사 석탑, 사리탑, 경천사 10층 석탑, 원각사 10층 석탑, 고려고분을 도굴하여 청자매병梅瓶, 수주水注, 향분대첩, 다완茶碗 등 수천 점을 훔쳐간 고려재물탈취죄, 조선 초기 사리탑, 묘지墓誌, 금속제 장신구 등 조선재물탈취죄, 홍례문弘禮門을 헐고 그 자리에 조선총독부를 짓고

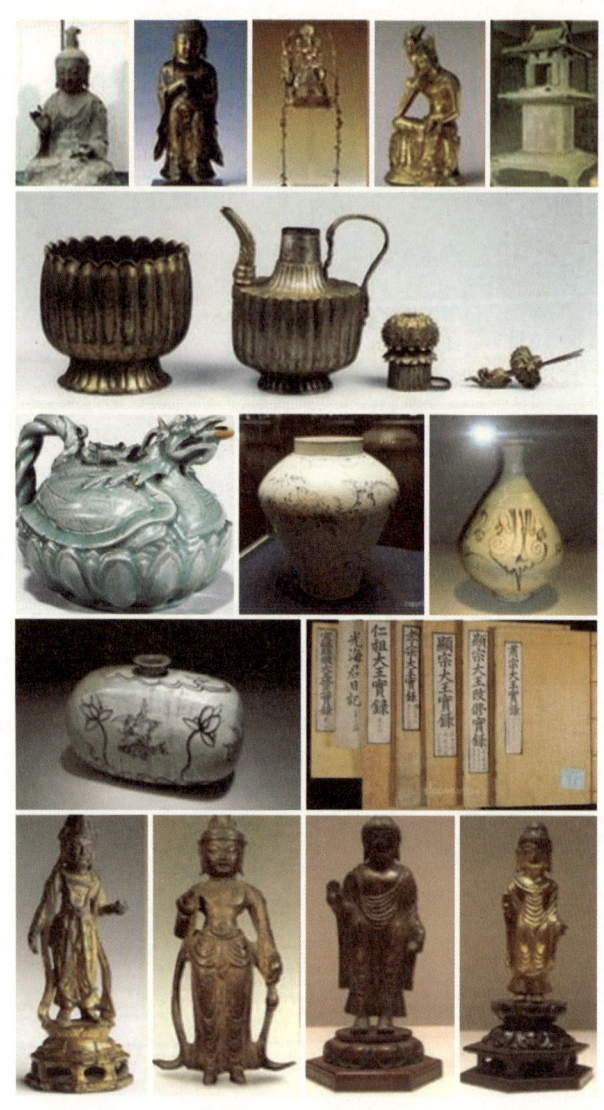

일본제국 일왕의 부하들이 우리나라에서 훔쳐간 국보급 문화재(추정). 이와 같은 문화재 수십만 점이 왜국에서 고국으로 귀환을 그리며 숨 조이고 있다.

일왕의 하수인 깡패들이 조선침략책동업무를 보게 한 깡패공무부여죄, 조선인의 자존심을 망가뜨리려고 일왕의 지령에 따라 숭례문 담장과 돈의문敦義門을 헐어 파괴한 건축물훼손죄, 국보급 불화 아미타여래도阿彌陀如來圖 등 7천 점에 이르는 보물을 훔쳐간 국보탈취죄, 임진전쟁 때 침략왜군을 격퇴한 공적을 새겨둔 북관대첩비北關大捷碑를 뽑아 약탈해간 기념비약탈죄, 평양시 대동에 있는 애련당愛蓮堂과 경복궁 자선당資善堂을 통째로 뜯어 무단 반출한 통째반출도적질죄, 불국사 다보탑 기단부 돌사자 3개를 훔쳐간 백수의왕 희롱죄, 일왕의 수하 전문도굴꾼이 도굴해간 것 말고도 조선총독부가 고분 출토분 6백89점, 도자기 1백3점, 서화 2백45점, 불상 8점, 분묘와 체신문화재 7백58점, 개인소장품 1천5백81점을 약탈하여 무단 반출한 문화재무단반출죄, 조선왕실의궤를 훔쳐간 대낮도둑죄, 1922년 조선총독부가 일본 궁내청으로 무단 약출掠出해간 명성황후 국장도감 등 79종 2백69책과 제실 도서 38종 3백75책과 역대 국왕 교양강의용 경연서적 3종 17책을 약탈해간 백주도적질죄, 일왕으로서 2019년 현재까지 반환하지 아니하는 문화재장물수뢰죄, 일왕의 백성 시카시마鹿島는 조선의 환단고기桓檀古記에 주해를 달면서 일본고기日本古記와 일본서기日本書記는 모두 위조한 것으로 이를 정당화하려고 임진왜란을 일으켜 조선의 사서를 압수하고 불태웠으며 이것도 모자라 무단식민통치 때 어용학자를 총동원하여 조선의 고대사를 철저히 말살책동抹殺策動하였다고 했거늘 일왕 부하들은 여전히 조선의 단군왕검은 호虎씨 부족과 웅雄씨 부족을 잘 살펴 포용한 실존 인물로서 배달국에 이어 홍익인간을 건국이념으로 조선을 건국한 조선인의 실존국조實存國祖인데 이 부족을 곰과 호랑이라고 등신·바보·천치·무치·멍청이·백치같이 왜곡歪曲하여 실화實話를 신화神話로 폄하하였으니 국조모독죄國祖冒瀆罪가 되며, 조선이 일본보다 역사성이나 문화성이 월등하나 일왕이 조선을 항구히 지배하려면 조선의 역사가 일본에 훨씬 미치지 못하여 조선인이 형편없이 열등해지도록 해야 하므로 고조선 시대를 멸살하고 조선의 역사를 삼한시대三韓時代 이후로 하고 원래 종족 명인 동이족東夷族조선족朝鮮族을 한족韓族으로 개작한 민족사폄하·종족명조작죄, 일왕의 동화책동과 민족말살책동으로 조선 민족을 지구상에서 완전 소멸시키고 반도인半島人이라 폄하하며 왜국日本帝國의 천민적 종속신분층으로 개편하려 한 종족말살책동죄, 조선 민족의 얼과 혼과 역사를 영원히 뭉개버리려고 일왕이 부하 총독들에게 지령하여 조선의 사서史書 20만 권을 불태운바 서울 종로 일대의 서점은 물론 경향京鄕 각처의 향교, 서원, 양반세도가, 고가古家 등지에서 전통, 문화, 예술, 인물, 전기, 열전, 충의록, 무용전에 이르기까지 무차별 약탈·약취하고 압수하여 불놀이한 타민족문화말살감행죄, 민족사상 말살 책동으로 역사책, 의사, 열사, 영웅에 관한 전기류, 족보, 만세력을 소각하고, 전통·고유문화를 말살하려고 인문, 지리, 풍습에 관한 서적을 소각하고, 민족혼을 매장하려고 무궁화, 태극기, 민족무술·기

일왕의 부하들이 청년들을 고목나무에 묶어 놓고 환호하며 총검과 죽창으로 찌르고 가르고 베어 죽였듯이 조선의 정치, 경제, 사회, 문화, 역사와 인권과 민간인을 총칼로 억압·핍박했다.

예에 관한 서적을 소각하고, 민주주의나 사회주의 사상에 관한 일체의 문헌을 소각했고, 농민, 청년, 여성, 야학에 관한 서적을 소각한 불한당죄不汗黨罪, 신채호 선생이 쓴『성웅 이순신, 을지문덕』과 아동교과서 창가집을 소각한 화적죄火賊罪, 1925년 한국사를 왜곡·교육할 목적으로 조선사편수회朝鮮史編修會를 설치하여 식민사관植民史觀에 입각한『조선사朝鮮史』를 편찬·보급한 죄, 조선의 역사를 일선동조론日鮮同祖論, 타율성론他律性論, 정체성론停滯性論, 당파성론黨派性論으로 조작한 식민사관으로 조선의 역사를 개작질한 조·개작책동죄, 단군왕검이 세운 조선의 2천3백33년 역사를 말살하고 그르치며 제국론자를 양성하는 역사개작죄, 4~6세기에 백제와 신라를 격파하고 금관가야를 식민지로 지배했다는 황당무계한 임나일본부설任那日本府說을 조작한 잠꼬대 같은 역사사기죄, 조선침략과 식민지배를 노골화한 조약의 전문과 각 조항을 날조하고 고종황제의 국새를 훔쳐 강압적으로 조인한 한일병탄조약韓日倂呑條約을 조선과 상호 행복을 증진하고 동양평화를 영구히 확보하려 했다고 조작질한 죄, 밑도 끝도 없이 독도가 일본 땅이라고 영유권을 주장하며 곁다리나 걸쳐볼까 하는 늑대간질죄, 침략전쟁을 부인하면서 일왕의 지령으로 자행된 종군위안부 즉 일본군세계여성성폭행을 유도·명령해 놓고 조선 여성의 상업행위였다고 가르치는 역사적 사실 속임죄, 조선은 중국의 종국·속국이었다며 조선사를 폄하貶下하는 내용으로 가르치는 어리석은 사기교육죄, 조선침략을 시인하지 않으려고 조선침략을 조선진출로 가르치는 역사교과서 날조죄, 대륙침략전쟁을 도발해 놓고 대동아공영을 위한 정당한 행위라고 가르치는 침략전쟁론자양성죄, 한국인 8백여 명을 마셜제도 동남쪽 끝 밀리환초 군사시설 공사장으로 강제연행하여 방공호, 땅굴진지, 포대, 활주로, 격납고 등을 만드느라 혹사시킨 납치혹사죄, 1947년 1월 13일 마토바스에오 자신이 자국의 도쿄재판소에 제출한 보고서로 이실직고以實直告했으니 닭 잡아먹고 오리발을 내밀지는 못할 터이며 1945년 2월부터 마셜제도 동남쪽 끝 밀리환초에서 한국인을 죽여 살점을 도려베어 제 놈들이 먼저 먹고 우리 한국인들에게 고래고기라고 속여 먹게 한 사람살식용제공죄人肉食用提供罪, 같은 장소에서 자신들이 체포한 미군 포로를 죽여 살을 베어 술안주로 먹은 인간도살식용죄人間屠殺食用罪, -아! 머리가 띵하고 가슴이 울렁거려 몇 날 며칠 잠이 오지 않을 것 같구나! - 동료들의 살을 먹은 한국인들이 미군에 투항하려 하자 1백여 명에게

> 1. 대대(大隊)는 처형된 미군 조종사의 인육을 먹을 것.
> 2. 간무리(冠) 중위는 그 인육의 배급을 담당할 것.
> 3. 데라키(坂部) 군의관은 처형에 입회하여 장기를 적출할 것.
>
> 1945년 3월 9일 오전 9시
> 대대장 육군 소좌 마토바 스에오

기관총을 난사亂射했다.

일왕이 하늘에서 내려보낸 급살탕인 원자폭탄을 맞고 하늘천天자 첫획이 오른쪽으로 곤두박질치면서 개견犬자가 돼서야 손을 들었다. 일왕 히로히토가 항복한 8월 15일 바로 그날부터 중국 해남도에서 히로히토의 부하들이 계획적·의도적으로 자행한 제노사이드 Genocide가 있다. 일제 패잔병들은 조선인에게 기관총을 휘둘러 쏘아대면 그 총소리가 주변에 울려 퍼져 중국 사람들이 몰려들까 두려워 몽둥이와 착검소총을 휘둘러 살해했다.

중국 최남단 하이난도海南島를 점령했던 일본군은 자신들의 만행을 덮어 감추려고 1천3백여 명의 조선인들을 남정산 기슭으로 끌고 갔다. 그리고는 방공호용 터널을 파게 했다. 지하방공호가 완공된 후 일본군은 "미군이 공습해 올 것이니 빨리 방공호로 대피하라"고 유인하여 조선인을 모두 굴속에 몰아넣고 입구를 봉쇄하여 집단 생매장했다.

태평양전쟁 말기에는 조선청년들 대부분이 전쟁터로 끌려가 더는 징용할 청년 대상자가 부족했다. 남은 사람은 전국 각처 형무소에 수감된 소위 불령선인不逞鮮人이었다. 일제 식민통치에 저항하며 조선총독부 지시에 따르지 않는다는 이유로 감옥에 가둔 사람들에게 조선인남방보국대朝鮮人南方報國隊라는 명분으로 쟁이그물을 던져 인종청소까지 노렸다.

지금도 중국 해남성 삼아시 길양구 삼라촌 교외에는 '조선촌朝鮮村'이라는 지명과 함께 '조선인천인갱朝鮮人千人坑'이 있다. 여기서 잠깐 일제가 조선팔도에 설치한 형무소 실태를 살펴보자.

일제 침략기에 조선인을 투옥·감금할 목적으로 설치한 형무소刑務所는 조선총독부가 직접 관할·통제·운영했다. 경기도에는 서대문형무소, 마포형무소, 영등포형무소, 경성감옥 인천분감, 인천소년형무소, 개성소년형무소, 경성형무소 의정부농장을 설치했다. 강원도에는 서대문형무소 춘천지소를 두었고 평안도에는 평양형무소와 신의주형무소를 설치했다. 함경도에는 함흥형무소, 원산형무소, 청진형무소를 설치했고, 황해도에는 해주형무소가 있었다. 충청도에는 공주형무소, 대전형무소를 설치했고, 경상도에는 대구형무소, 부산형무소, 김천소년형무소를 설치했고, 전라도에는 전주형무소, 광주형무소, 목포형무소를 설치했다. 일제는 이렇게 설치한 형무소에 수천, 수만의 조선인 독립운동가, 민족지도자, 민족사상가, 민족학자, 민족교육자, 민족예술인들을 무작위로 투옥投獄했다. 우리에게는 소중하고 고귀한 분들이었으나 일제는 바로 이들을 정치범政治犯이라든가 사상범思想犯으로 취급했다.

1939년 중국 본토와 동남아시아를 집어삼키려는 전략이 한창일

때였다. 이때 대본영은 소위 국가총동원법을 발동했다. 제주도는 물론 하이난도에서도 대대적인 군사요새화가 감행되었던바 그에 따르는 인력이 필요했다. 중국 하이난도에서는 210km에 달하는 군사용 철도를 구축했다. 삼아만에는 천수부두를 건설했고 삼아촌에는 해군전용비행장을 닦았다. 물론 해군전용비행장에는 비행기격납고, 지하벙커, 땅굴진지, 고사포포대, 지하탄약고, 방공호 등과 같은 시설을 갖춰야 했다. 이 군사시설 구축에 필요한 인력을 거의 조선인으로 대처對處했다. 그래서 이미 조선의 도처 형무소에 수감된 사람들을 감언이설甘言利說로 속여 조선 본토에서 가장 멀리 떨어진 하이난도海南島로 사실상 강제연행하였다. 그곳 하이난도로 가면 일자리가 있다. 가기만 한다면 형량을 감면해 줄 것이며 먹을 것도 많고 월급도 두 배, 세 배로 주겠다는 식이었다. 이렇게 중국인, 대만인, 홍콩인, 인도사람들까지 끌려와 군사시설공사장에서 강제노동에 시달렸다.

"회장님! 1천3백여 유해를 수습 · 봉안하실 방안은 무엇입니까?"
"유해를 모시는 일은 당사자의 인격이 존중돼야 할 문제이지요. 그래서 첫째는 당사자의 유언에 따라야 하고 그다음으로는 유족의 의사와 요구에 따라 모셔야 합니다. 하이난도 천인갱 조선인희생자는 자발적으로 간 것이 아니고 강제징용이었기 때문에 유언이 존재하질 않습니다. 또 개개인의 신원파악이 불가능하여 유족이 나설 수 없는 아주 특이한 상황입니다. 세월도 너무 많이 흘렀고요."

하이난도 천인갱 현장에서 수습한 유골을 일일이 확인하는 대한민국통일건국회 권영해 회장과 유골함을 닦아 정리하는 회원들(사진 위) 천인갱 유해발굴과 추모사업추진 대책을 마련하려 하였지만 여러 가지 사정으로 피일차일하기를 십수 년이 흘렀단다. 이제 한국 정부차원의 대책이 수립되어야 한다는 것이 권영해 회장의 권고이다.〈자료 · 사진 제공:권영해(前국가안전기획부부장 · 前국방부장관 · 現대한민국통일건국회 회장)

"말씀을 듣고 보니 신원파악이 문제인데요. 지금까지 다른 사례를 봐도 일본정부가 육해군 군인 · 군속 외에는 강제동원한 사람들의 명단이랄지 관련 자료를 내놓질 않습니다."

"그렇습니다. 그래서 한국 정부가 나서야 하는데 이 또한 아직도

암담하기만 하여 소신 있는 시민사회단체가 나설 수밖에 없는 실정이네요."

"수습이나 봉안할 방안을 말씀해 주십시오. 저희가 나서서라도 해야 되잖겠습니까?"

"부산에는 한국전쟁에 참전했던 유엔군 묘지가 있거든요. 전사하신 본인의 유언대로 그들의 조국으로 보내지 아니하고 현지에 모신 거죠. 하이난도 조선인 희생자의 경우는 그와는 본질적으로 다르다는 문제가 따릅니다. 그들의 고국으로 모시는 것도 좋지만 중국 정부와 협의가 원만하게 되어 유해 발굴이나 수습을 잘하고, 현지에 추모관을 건립하여 봉안하는 것도 생각해 볼 만합니다. 그런 추모사업을 통하여 후대들에게도 교훈적 유산이 될 것입니다. 그런 방법이 좋을 것입니다. 마땅히 한국 정부가 정면에 나서야 하고 중국 정부의 지속적인 관리와 보존정책이 필요합니다. 양국이 합의해야 할 일이지요."

"그런데 아직은 중국 정부에 기대하기는 시기상조인 것 같고요, 일본 정부는 아예 기대하지 않는 게 좋겠습니다. 일본은 오히려 역사를 왜곡하고 유해를 유기遺棄하고 훼손하고 팽개쳐 왔으니 말입니다. 지금도 일본 정계政界는 제국·군국주의 노선이기 때문에 민족 차별이 지독합니다."

"천인갱 만행은 국제법상으로도 도저히 묵과될 수 없는 중범죄이므로 반드시 그 실체를 규명하여 응징해야 합니다."

우리 세대에 못다 이루면 다음 세대에서라도 할 수 있도록 기반을 닦아놓는 것이 바람직하다는 것이 권 회장님의 간곡한 권고勸告이다.

일본 히로시마에 원폭이 투하된 다음 날 대본영 히로히토는 피해상황을 보고받았으나 그 보고는 큰 피해가 없다는 허위보고였다. 히로히토가 전쟁에 항복할까 우려하여 적당히 보고했다. 미국은 히로히토의 항복을 기다렸지만 24시간이 지나도록 항복할 기미가 보이지 않자 나가사키에 한 방을 더 날렸다. 소련은 즉시 참전을 선포하고 사할린에서 일본 본토를 향하여 진격을 개시했다.

이때 사할린에서부터 퇴각당하던 일본군은 조선인을 보이는 대로 잔인무도하게 살해했다. 당시 소련은 다민족국가였기 때문에 소련군 진영에 황색인종이 있었다. 이를 멀리에서 망원경으로 본 일군 해군은 그 황색 얼굴을 조선인이라 단정했다. 바로 조선인이 소련군을 안내하고 정보를 제공하는 소련군 스파이라고 몰아붙여 학살의 이유를 만들어냈다. 그 학살 만행을 이르면 가미시스카경찰서 화염학살火焰虐殺사건, 미즈호항 냉동학살冷凍虐殺사건, 우키시마호폭파침몰 수장학살水葬虐殺사건으로 이어졌는데 1945년 8월 18일 가미시스카 경찰서 유치장에 조선인을 가두고 건물에 기름을 뿌려 불을 지르고 밖에서는 헌병이 권총의 방아쇠를 거머쥔 채 지키며 빠져나오는 조선인마저 조준 사살한 화염학살죄가 있고, 이때 18명이 타 죽었는데 몸통과 머리가 따로따로 떨어진 것으로 보아 이미 칼로 목을 베어 죽이고 태운 사체유기방화죄에 해당한다. 이때 죽은 조선인에게 소련스파이라고 혐의를 뒤덮어 씌웠다. 이미 일왕의 부하인 해군 소속 헌병이 조선인을 닥치는 대로 붙잡아 경찰서 유치장에 집어넣은 감금·방화·학살죄, 8월 20일부터는 마오카에서 4km 거리에 있는 미즈호 항구도시에서 경찰서장警察署長, 면장面長, 민방위대장民防衛隊長, 우체국장郵遞局長, 역장驛長, 청년회장靑年會長 등 마을 유지들이 모여 조선인 남자들을 전부 체포하여 청어냉동창고靑魚冷凍倉庫에 넣었다가 얼어 죽으면 바다에 던져버릴 것을 결정하고 27명의 조선인 남자를 바다에 던져버린 냉동·해상투척학살죄冷凍海上投擲虐殺罪, 미즈호에서 방공호 속에 몰아넣고 불태워 죽인 죄가 성립되었음을 선고한다.

일왕이 항복한 직후에 그의 부하 우가키宇垣完彌 오미나토해군경

제원\사건명		가미시스카경찰서 학살사건	노다·미즈호항 학살사건	우키시마호 폭침학살사건
발생 연월일		1945. 8. 18	1945. 8. 19	1945. 8. 24
발생 장소		가미시스카 경찰서	미즈호	마이즈루항(만)
공통점	발생 시기	일본 패전 직후	일본 패전 직후	일본 패전 직후
	소행 집단	퇴각하던 일본해군	퇴각하던 일본해군	퇴각하던 일본해군
	학살 형태	집단몰살	집단몰살	집단몰살
	학살 수법	화염학살	냉동학살	수장학살
	한국인 동향	광복·환희·비무장	광복·환희·비무장	광복·환희·비무장
	발생 동기	① 일본군의 잔학성에 보복성 폭동을 일으킬 것이라는 불안감. ② 소련군을 안내하며 소련군 스파이로 활동한다는 소문. ③ 소련군에게 일본인이 저지른 죄악상을 모두 폭로할 것이라는 점.		

비부사령관과 도리우미 가네오鳥海金吾 우키시마호 함장이 아오모리현靑森縣 오미나토항大湊港에서 수천 명의 조선인 남녀노소를 안전항해가 보장되지 아니한 우키시마호에 부당하게 강제로 승선토록 하였다. 어쨌든 이 배는 무쓰만을 빠져나와 직항로를 택하여 부산항으로 가야 했지만 늠실거리며 남하하다가 돌연 교토부京都府 마이즈루만舞鶴灣으로 회항回航했다. 그리고 조선인 귀국선이었던 우키시마호를 의도적이며 계획적으로 폭파하여 8천 명 이상의 우리 국민을 마이즈루만에서 한꺼번에 수장·학살했다. 물론 이 사건은 대본영 권좌에 앉아있는 히로히토의 결재決裁에 따른 '군사적 조치'였다고 도쿄지방재판소 판결문에 명시돼 있다. 전쟁 시기가 아닌 평화 시기에 비무장 민간인에게 군사적 조치란 있을 수 없다.

다음 날 아침 일찍 가족을 잃은 장종식 씨는 두 아들을 데리고 아내와 딸의 시신이라도 찾으려고 바닷가로 나갔으나 찾지 못했다. 시신의 얼굴이 검은 기름으로 덮여 알아볼 수도 없었지만 장종식 씨의 아내와 두 딸은 선실에 있어 나오지 못하고 그대로 선실에 갇혀 있는 것으로 봐야 한다. 다른 곳으로 유실되었을지도 모를 일이지만 말이다.

김응석 씨와 신환철 씨도 다음 날 아침 우키시마호가 침몰한 시모사바가 바닷가로 나갔다. 해변은 온통 시체로 겹겹이 덮여있었다. 시체를 밧줄로 굴비처럼 줄줄이 엮어 말뚝에 매 놓았고, 바위틈에도 끼어 있었다. 마이즈루만에는 헤비지마와 도시마라는 작은 섬이 있

① 선명(船名): 우키시마호(浮島丸) ② 선주(船主): 오사카상선 대표(大阪商船 代表) ③ 제조(製造): 미츠이 타마시마 조선소(三井玉島造船所) ④ 제조일(製造日): 1937년 3월 15일(1937年3月15日) ⑤ 선종(船種): 화객병용(貨客倂用) ⑥ 총톤수(總t噸數): 4,730톤(四千七百三十噸) ⑦ 길이(長): 108.43미터(108.43m) ⑧ 선박번호(船舶番号): 42601 ⑨ 계약양식(契約樣式): 1(一) ⑩ 징발년월일(徵發年月日): 1941년 9월3일(1941年9月3日) ⑪ 용도별(用途別): 포함〈대형〉(砲艦〈大〉) ⑫ 소관(所管): 요코스카해군경비부(橫須賀海軍警備部) −1945년 4월 오미나토해군경비부로 편입. 같은 해 8월 18일 오미나토항 앞바다인 무츠만으로 이동했다. 19일부터 한국인을 태우기 시작하여 21일까지 3일간 승선을 완료하고 22일 밤 10시에 항해를 개시함.

는데 군인들이 줄로 엮은 시체를 그 섬쪽으로 끌고 갔다. 섬에는 자연동굴이 있다는데 아마 그 동굴에 넣었을 것이라고 한다.

 이날 바닷가에는 어촌 주민들이 긴 장대와 갈퀴를 가지고 나와 떠다니는 가방과 보따리를 끌어내 돈을 꺼내 챙겼다. 어촌의 어느 한 사람은 돈을 너무 많이 챙겨 마을에서 살기가 얼마나 민망하였든지 마을을 떠났다고 전해지고 있다. 그때 마이즈루만에서 일어난 그 죄악상을 생존자들의 증언을 토대土臺로 간단하게 나열하겠다.

 우키시마호浮島丸가 마이즈루만에 들어서자마자 배를 멈춰 세우

고 해군승무원들이 모선을 빠져나갔는데 그 모습이 마치 송사리떼처럼 헤엄쳐 나갔다고 생존자들이 증언했다. 배가 폭파되어 침몰하는데도 구조에 나서지 아니하고 오히려 사람이 매달려 있는 로프를 칼로 잘라 더 많은 사람을 죽게 했다. 임시수용소에서 또다시 증기폭발을 일으켜 2층에 머물던 사람들이 부상을 입었다. 마이즈루만 바닷가에 밀려든 한국인 시신을 신원도 파악하지 아니하고 밧줄로 줄줄이 꿰어 묶어 두었다가 타이라해병단 뒷산 골짜기로 옮겨 기름을 붓고 태워 매립했다. 침몰한 우키시마호를 즉시 인양하지 않았다. 배를 인양·수습하지 아니하고 9년간 해저에 방치했다. 조선인 수천 명이 죽었는데도 5백24명만 죽었다고 사망자 수를 축소하는 등으로 조작했고, 사망자 명단도 생존자 이철우 씨의 이름이 포함될 정도로 엉터리였다. 그나마 발표한 사망자 5백24명을 연합군사령관에게는 2백60명이라고 축소·조작하여 보고했다. 9년 뒤에 침몰한 배를 인양할 때 조일우호협회에서 유해의 원형을 보존할 것을 요청했으나 이를 무시하고 침몰한 배를 다이나마이트로 재차 폭파하여 고철을 건져내는 데 주력했다. 일본 정부는 9년 동안 방치한 것도 모자라 시신까지도 다이나마이트로 산산조각을 낸 것이다. 여기서 우키시마호폭침사건과 관련하여 일본 정부를 다음 죄명으로 단죄한다.

- 조선인강제징용·징병·연행·납치죄朝鮮人强制徵用徵兵連行拉致罪
- 미성년자노동강요죄未成年者勞動强要罪 · 노역강요죄勞役强要罪 · 고문치사학살죄拷問致死虐殺罪 · 임금갈취죄賃金喝取罪 · 유언비어날조죄流言蜚語捏造罪 · 강제승선강행죄强制乘船强行罪 · 승선자명단미작성죄乘船者名單未作成罪 · 안전항해위반죄安全航海違反罪 · 예정항로이탈죄豫程航路離脫罪 · 선내폭발물설치죄船內爆發物設置罪 · 선명삭제죄船名削除罪 · 승선자기만죄乘船者欺瞞罪 · 조난자구조태만죄遭難者救助怠慢罪 · 허위진술보고죄虛威陳述報告罪 ● 시신무단매립죄屍身無斷埋立罪 · 사체유기죄死體遺棄罪 · 피해자보상불이행죄被害者補償不履行罪 · 피해자보상청구소송기각죄被害者報償請求訴訟棄却罪 · 외국양민계획적대량학살죄外國良民計劃的大量虐殺罪 · 국제법위반죄國際法違反罪 · 연합국총사령부명령불이행죄聯合國總司令部命令不履行罪 · 국제노동기구법위반죄國際勞動機構法違反罪
- 인권유린죄人權蹂躪罪를 선고宣告한다.

우키시마호에 조선인승선경위朝鮮人乘船經緯, 출항경위出港經緯, 승선자수乘船者數, 입항경위入港經緯, 침몰원인沈沒原因, 사망자수死亡者數, 생존자수生存者數, 실종자수失踪者數, 사체처리死體處理 등에 대한 진상을 규명하지 아니한 점과 사체유기死體遺棄, 배상외면賠償外面 등 부당한 사후처리는 인도人道에 어긋난 죄에 해당한다.

여기서 잠시 일본 정부의 주장이 얼마나 엉터리인가를 살펴보면 승선과 출항과 항행의 잘못이 있고 침몰 원인에 대한 주장이 피해자들과 극도로 엇갈리며 더욱 중요한 것은 애초 대본영은 9월 중순부터 조선인을 송환할 계획이었는데 '왜 오미나토에서는 서둘러 내보냈는가?'를 규명해야 한다. 먼저 승선과 출항과 항행의 문제점을 살펴보자. 8월 15일 일왕이 항복한 뒤 승선을 시작하기까지 기간이

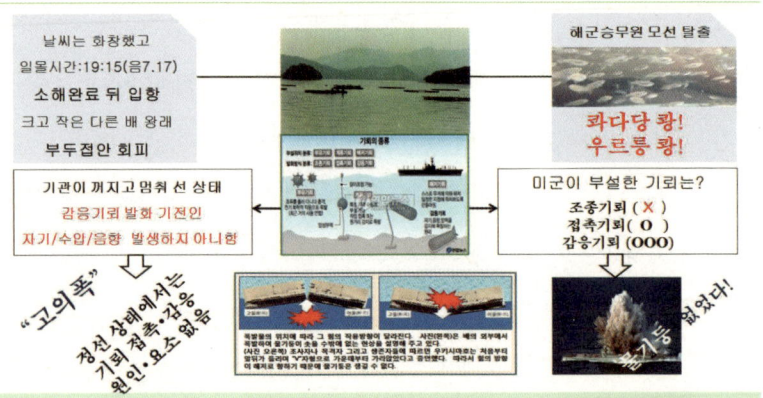

우키시마호 침몰 원인

너무 짧았다. 즉 안전항해 준비가 소홀했다. 배가 출항하기 전에 이미 탑재된 폭탄을 제거해야 했으나 기관실 옆 창고에 있는 폭탄을 제거하지 않고 오히려 폭파장치를 설치했으며 검은 페인트를 칠해 배 이름을 지웠다. 우키시마호가 4천7백30톤이라 할지라도 오미나토항 부두에 접안할 수 있었으나 멀리 정박해 놓고 작은 거룻배로 옮겨 타도록 한 것도 안전상 문제가 되는 것이며 승선자 명단을 작성하지 아니했다. 아무튼 고향으로 돌아가기를 열망하는 조선인들이 19일부터 21일 오후 늦게까지 3일간 승선이 완료했으나 배는 출항하지 않고 24시간 이상 지체하다가 다음 날 밤 10시에 닻을 올렸다. 출항한 우키시마호는 부산항을 향해 직항로를 택하는 것이 보통 상식이었으나 배는 직항로를 피해 좌향左向을 거듭하며 늠실거렸다. 당시 해군승무원들의 정서가 대단히 불안하고 난잡했다는 문제도 있다. 오미나토에서 승선하기 전부터 배는 부산항으로 간다고 알렸기에 모두 다 탔는데 출항 후부터는 중간 기착지를 정해 놓고 항해했는데 그곳이 바로 교토부 마이즈루항이었다. 마이즈루만으로 회항하여 침몰 직전까지 많은 의혹이 있다지만 한국의「우키시마호폭침진상규명회」가 그 진상을 모두 밝혀냈다. 사망자 수보다 더 예민하게 접근되는 점이 바로 침몰원인이다. 침몰원인에 대해서는 누구보다도 침몰 당시 배에 타고 있었던 피해당사자인 생존자들이 잘 파악하고 있다. 생존자들의 증언에서 침몰원인은 완벽하게 분석되는데 다시 말하면 침몰하기까지의 정황을 가장 잘 아는 사람은 생존자라는 점이며 그 생존자들의 정황 진술이야말로 어느 누구, 어느 분야 전문가라 할지라도 부정해서는 안 된다. 그들은 말했다. 우키시마호가 오미나토항을 출항하기 전부터 오미나토해군경비부의 소행이 배의 침몰과 연관되고 있으며 항해 도중 해군승무원들의 정서 또한 침몰원인과 관련된다고 말했다. 배가 마이즈루만을 향하여 회

(左上)침몰 지점: 일본 교토부 마이즈루시 마이즈루만 해상 헤비지마와 도리시마 사이 시모사바가 해변 전방 3백미터. (右上)1953년 10월 우키시마호 인양 당시 찍은 사진. 선체 벽 부분의 철판이 안쪽에서 바깥쪽으로 휘어져 있어 내부 폭발임을 증명하는 유일한 물증이다. (左下)1953년 10월 우키시마호 인양 당시 선체를 조사할 때 배의 안쪽 밑바닥이 부서진 파편으로 엉켜있는 모습. 이 사진은 타무라(田村) 씨가 사진기를 주머니에 넣고 몰래 찍은 것을 오사카 국제신문이 공개했다. 사진 속에는 조사자들이 여기저기 서 있다. 9년 전 선실 안에서 죽어있을 조선인의 유해가 있음을 감안하여 조일우호협회가 인양할 때 유해의 원형을 보존할 것을 건의했으나 배를 인양한 이노사루베지 측은 배를 다시 다이나마이트로 폭파하여 인양했다. 이로써 9년 전 희생당한 조선인들은 또다시 다이나마이트 폭탄 세례를 맞았다. 1953년 10월 우키시마호 인양 당시 건져 올린 유해. 9년 동안 해저에 유기되어 두개골과 굵은 뼈만 남았다. 이때 사망자 수를 계산할 때 두개골과 골반뼈 하나에는 1명씩, 대퇴골이 3개일 때는 2명으로 계산했다.(사진제공: 마이즈루우키시마호사건진상규명회 회장 리병만)

항할 때도 그 이유가 타당하지 아니했으며 입항하는 항로도 소해掃
海를 완료했기 때문에 안전항로로 진입해 들어갔다. 배는 마이즈루
만에 들어서면서 군항軍港의 부두에 접안을 시도하지 않고 즉 접안
을 회피하고 어촌마을 바닷가 3백미터 정도 전방까지 가서 완전히
멈춘 상태에서 기관을 끄고, 해군승무원들이 구명보트를 수면으로
내려 타고 나갔다. 또 나머지 2백여 명의 해군승무원들은 송사리떼
처럼 헤엄쳐 모선을 다 빠져나갔다. 그런 다음에 곧바로 폭발했다고
명확하게 증언했다. 특히 기뢰폭발 현상인 물기둥은 솟아오르지 않
았으며 폭발 소리도 한 번이 아닌 두 번이라는 증언이 압도적이다.
불의의 사고라면 해군들이 구조에 나섰을 것이지만 해군들은 그 누
구 하나 죽어가는 사람을 구조하기는커녕 오히려 잡고 있는 로프를
잘라 더 많은 사람이 죽었다고 생존자들이 현장 목격담을 남겼다.

그럼 '왜 오미나토에서는 서둘러 내보냈는가?'를 살펴보기로 하겠
다. 많은 시간과 지면이 필요하지만 여기서는 간단하게 줄임에 양
해를 구한다. 먼저 패전 당일의 전후前後 상황을 알아야 한다. 미국
은 승전勝戰을 장담했고 일본은 패전을 준비했다. 미국은 전쟁이 끝
나면 전후처리비용을 감안하여 연합국 4개국이 일본 본토를 분할
통치할 것을 제의하여 중국과 소련, 영국이 동의했다. 이때 영국 수
상 처칠이 미국의 트루먼 대통령에게 "소련이 극동에 교두보를 설
치하려 한다"고 말했다. 미국 대통령 트루먼은 수화기를 내려놓자
마자 분할통치를 취소하고 미국 단독 진주進駐를 감행하기로 단박에

결정했다. 그날이 1945년 8월 13일이었다. 이 같은 일련의 과정에 4개월 앞선 시기에 미국과 일본은 스위스에서 화평공작을 벌였다. 일본의 스위스 주재 무관 후지무라 중령과 미국의 알렌·달레스 간의 음모였다. 여기서 일본은 세 가지 조건을 제시했다. 첫 번째는 천황제 유지이고, 두 번째는 일본은 섬나라이므로 배가 없으면 먹고 살기 어려우니 어떤 배든지 배는 부수지 말 것, 세 번째는 일본인의 식량이 있는 대만과 조선은 일본 영토로 인정해 달라는 것이었다. 일본의 일방적인 요구였다. 미국은 1945년 8월 15일을 전후前後하여 이 세 가지 제시안을 다 들어주었다. 두 번째 사항은 연합군 총사령관 진주에 관한 요구사항 제3호에 노골적으로 명시되었다.

「제3호 연합군최고사령관 진주에 관한 요구사항」이 필리핀에 주둔한 연합군최고사령부에서 일본 대본영으로 1945년 8월 19일 전달되었다. 그 명령서 내용은 다음과 같다.

세 번째 사항인 "한반도 조선은 일본 영토로 인정해 달라"는 점에 대해서는 연합군최고사령관 더글러스 맥아더가 1945년 9월 8일 오키나와에 주둔한 병력 2만 명과 전투기를 앞세워 점령군으로서 인천상륙을 감행한 점이 바로 그것이다. 포츠담선언에서 "한국인의 자유와 독립을 보장한다"로 되어 있으므로 미군이 한반도로 들어오면 안 되었지만 미국이 스위스 화평공작 3항대로 조선을 일본 영토로 간주看做했기 때문에 점령군으로서 일본 본토와 똑같이 군정軍政을 단행斷行코자 한 것이다. 이때까지 1905년 7월에 밀담으로 체결한 가츠라-태프트 밀약도 철폐되지 않았을 것이므로 미국은 한반도를 일본 땅으로 인정했을 것임을 뒷받침한다.

다음은 첫 번째로 제시했던 "천황제 유지"에 관한 사항이다. 미국

> 제3호 연합군최고사령관 진주에 관한 요구사항
> 1945년 8월 24일 18:00 다음 사항을 시행할 것.
> : 일본국에 귀속되었거나 혹은 일본의 지배 아래 있는 모든 종류의 육해군과 민간 선박으로서 일본의 영해에 있는 배는 연합국 최고사령관의 추후 명령이 있을 때까지 파손치 말고 보존할 것과 혹 현재 항해하고 있는 선박 이외에는 이동하지 말 것.

은 이 사항을 철저하게 들어주었다. 미국 정부의 지시뿐만 아니라 맥아더 자신도 히로히토를 전범으로 처리하지 않으려는 의도가 심중(心中)에 깊게 깔려 있었다. 그래서 전쟁총지휘본부인 대본영의 권좌에서 군통수권을 거머쥐고 있었던 전쟁지휘기술자 히로히토의 침략전쟁범죄를 모두 덮었다.

일제가 전쟁시기도 아닌 평화시기에 8천여 명을 단번에 수장시킨 「우키시마호폭침사건」은 명백한 제노사이드(Genocide: 외국양민계획적대량학살)이므로 이 같은 악질적인 사건이 국제사회에 알려지면 일왕 히로히토가 더욱 불리해져 구제하기 어렵게 되어 처벌하지 않을 수 없게 될 것을 우려하여 사건 발생 일주일 만에 종결하고 말았다. GHQ는 이렇게 히로히토를 직간접적으로 비호하고 엄호했다. 즉 난징대학살, 일제관동군731부대 인간생체실험, 조선인강제연행·강제노동, 일본군세계여성성폭행 일본군위안소 설치·운영, 아시아를 대

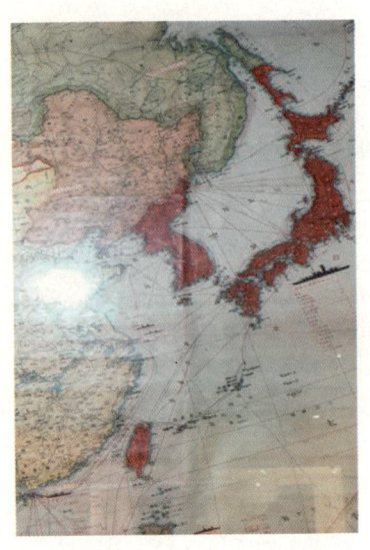

일본의 스위스 주재 무관 후지무라 중령과 미국의 알렌 달레스가 1945년 5월 스위스에서 공작한 밀약 제3항대로 지도를 작성한 일본제국.(자료제공: 제주도평화박물관 이영근 前관장)

규모로 약탈한「황금백합작전」그리고 각종 제노사이드에 대해 조사도 하지 못하도록 하고 발표도 하지 못하도록 직접 나서서 막아섰다. 그 연장선상에 놓여있는 전쟁범죄가 바로「우키시마호폭침사건」이다. 이 폭침사건에 대해 재일조선인연맹 아오모리현지부 손일 위원장이 1945년 12월 7일 GHQ에 일본 정부의 책임을 묻는 소를 제기했으나 GHQ 법무국 검찰과는 1946년 1월 말에 사건 발생 증거불충분으로 소를 기각했다. 검찰과의 "사건 발생 증거불충분"이란 어불성설語不成說이다. 사건 발생 지점인 마이즈루만에는 침몰한 우키시마호의 마스트가 수면 위에 우뚝 서 있었기에 증거불충분이란 말은 후랑말코나 할 말이다. 그 뒤로 미국과 일본은 이 사건에 대해 입에는 패권적 말뚝을 박아 꽉 다물고 있으며 동공瞳孔에는 제국적 먹물을 가득 처넣고 딱 감고 있다. 또 하나의 이유로서 아오모리현 시모키타지역문화연구소가 강조하는 정세는 "미국은 소련군이 일본 본토 아오모리현까지 진격하여 들어왔을 때 민족성이 강한 조선인과 합세하게 되면 대규모 군단을

일본제국의 대륙침략은 멈춰진 시계가 아니다

일본 아오모리현 시모키타지역문화연구소 사이토 사쿠지 소장이 한국 우키시마호폭침진상규명회가 주최한 대회에 참가하여 당시 실상을 증언하였다.(충청남도 천안시 1996.7.28)

형성하여 일본 본토 북방지역인 홋카이도와 아오모리현을 소련군에 쉽게 점령당할 것을 예측했다"는 점도 간과看過할 일이 아니다.

우키시마호가 오미나토항을 출항하기에 앞서 기관실 옆 창고에 폭파장치를 했다. 그것은 당시 오미나터해군시설부 공작부 조기과 보일러공으로 일하던 사사키 씨의 아들 사사키 사이치(2019년 6월 현재 무츠시 거주) 씨가 자신의 부친에게서 전해 듣고 세상에 알린 사실이다. 폭발물 장치와 더불어 배 이름도 페인트를 칠해 지웠다.

지금도 일본 교토부 마이즈루만에는 선조들의 유해가 '수중표류水中漂流, 해저매몰海底埋沒, 선실적체船室積滯, 집단매립集團埋立, 유기방

치遺棄放置'된 상태입니다. 한국 정부만이 발굴하여 수습할 수 있는 유해봉환遺骸奉還을 언제 하려는지요? 9백 년 전에 서해 항로를 따라 개성으로 가던 조공선租貢船이 강풍을 만나 침몰하면서 가라앉은 밥그릇과 접시는 잘도 건지는데 히로히토의 군바리들한테 전쟁터로 강제징용당해 죽을 고생을 하다가 광복을 맞이하여 귀국하려던 중 일본 해군의 집단학살만행으로 돌아가신 선조들의 유해는 언제 건지렵니까? 아마도 세월이 9백 년쯤 지나야 가능할 일인가 보다. 이 지면을 통하여 한국 정부는 해외에서 무주고혼無主孤魂으로 떠도는 민족의 유해 · 유골은 물론 영혼까지 모두 불러들여 국민유해봉안당에 모셔 자자손손子子孫孫 그 도리道理를 다함으로써 백성의 평온平穩과 나라의 태평성대太平聖代를 촉진促進할 것을 촉구한다. 이 국민유해 봉안사업은 통일조국을 내다보며 반드시 남북이 합의하여 시행해야 한다.

　이상 기술한 우키시마호폭침사건과 관련하여 일본정부를 단죄할 증거는 충분하다 하겠다. 필자가「우키시마호폭침진상규명회」를 결성하여 조사 · 연구 · 분석한바 우키시마호가 침몰한 원인은 '미군의 기뢰에 닿아 침몰한 것이 아니라 대본영의 군사적 조치 지령에 따라 오미나토항을 출항하기에 앞서 오미나토해군공작부가 기관실 옆 창고에 설치한 폭발물이 선내에서 폭발하여 배가 두 동강이 나면서 침몰'한 것으로 단정한다. 만약에「우키시마호폭침진상규명회」가 제시한 침몰원인이 틀렸다면 일본 정부가 지금까지 주장

해온 대로 미군의 기뢰에 의해 침몰했다는 증거를 가지고 나오라. 그때 국제사회에서 혹독하게 따지겠다. 따라서 제반 책임이 일본정부에 있음에도 74년이 지나도록 이를 외면하고 있어 앞서 기술한 24개항 죄목과 아울러 일본정부의 사죄와 보상을 청구하는 소송訴訟을 국제사법재판소에 엄중히 제기한다. 대한민국 정부는 이 소송에 직접 나서야 한다.

  일왕이 일으킨 태평양전쟁터로 강제연행한 조선인 희생자들의 원혼을 유족의 의사나 영혼의 국적과 관계없이 일본의 야스쿠니신사靖國神社에 무단합사無斷合祀한 영혼모욕죄靈魂侮辱罪, 일왕의 명령에 따라 선량한 조선 백성 2만8천4백36명을 신사의 영새부靈璽簿에 올려놓은 영혼희롱죄靈魂戲弄罪, 생존자 60명도 영새부에 올려놓고 소위 영혼을 위로한 어림반푼어치도 없는 괘씸죄, 생존자와 유족이 영새부에서 이름을 삭제하라고 요청해도 이를 거부한 정당사유거부죄正當事由拒否罪, 한국의 태평양전쟁희생자 유족이 피해보상을 청구하는 소송을 내면 일왕의 부하 재판장들은 한결같이 기각하는 이유에 대한 요지설명도 하지 아니하고 원고들의 청구를 모두 기각하며 소송비용조차 피해자가 부담하도록 한다고 지껄이고 재판을 팽개치고 퇴장하는 침략만행얼버무림죄, 일왕의 부하 아베와 고이즈미 총리가 종군위안부 강제동원에 일본군과 정부가 개입한 사실이 없다거나 또는 개입하지 않았다고 어림반푼어치도 없는 앵무새처럼 지껄여대는 떼거지우격다짐죄, 21세기에 들어서서도 침한론을

우키시마호는 이렇게 침몰당했다. 침몰 당시 이 배에 타고 있었던 생존자들은 말했다. "배가 해안가로 다가가더니 딱 멈춰 섰고 기관소리도 들리지 않았다. 구명보트를 내려 장교들이 먼저 빠져나가니까 그 뒤를 따라 해군들이 마치 송사리떼처럼 헤엄쳐 모선을 탈출한 뒤 곧바로 굉장한 폭발소리가 났다. 선실 안에서 화약냄새가 풍겼고 배는 앞뒤가 들리면서 가라앉았다. 폭발소리는 재차 한 번 더 났다. 배 위로 치솟는 물기둥은 없었다. 그날 우키시마호가 마이즈루만으로 들어섰을 때 그만한 배들이 여러 척 드나들었다. 안전항로 깃대가 있었고 예인선도 있었다"고 우키시마호폭침 진상규명회 측에 증언했다.

철폐하지 아니하고 계속해서 대륙침략의 기회를 노리는 기회노림 노략죄, 전쟁총지휘본부인 대본영大本營을 해체하지 아니한 전쟁도당죄, 원자폭탄 수천 개를 만들려고 플루토늄을 실패한 몬주핵발전소 상업용으로 위장하여 110톤 이상을 비축하고 로카쇼무라 핵집중시설단지와 미사와비행장과 코끼리우리에서 침략핵전쟁준비에 혈안이 되어 장난질치는 일왕의 정부 관계자나 일본인들은 과거 선조 사무라이들의 대륙침략만행과 태평양전쟁 피해 책임 문제에 대해 외국인이 물으면 '그런 일이 있었는가! 기억이 잘 나지 않는 모르는 일이다'고 하며 어떤 문제에 대해서도 처음부터 거짓말이나 변명으

우키시마호폭침진상규명회가 제안한 "(가칭)대한민족관"조감도: 국민유해봉안당, 대한문화관, 역사관, 교육관, 후생복지관 등이 포함됨.

로 일관해 왔으므로 끝까지 거짓말이나 변명을 할 수밖에 없어 그 죄가 이중 삼중으로 가중되는바 조선침략수순을 정하여 어전회의에 상정하자 메이지 일왕이 이를 승인하고 조선의 왕실 내정간섭과 정치탄압을 책동한 1876년 강화도조약에 이어 1882년 제물포조약, 1884년 한성조약, 1885년 천진조약, 1889년 방곡령사건, 1894년 동학농민학살, 1894년 청일전쟁, 1895년 을미사변, 1904년 러일전쟁, 1904년 한일의정서, 1904년 한일협정서, 1905년 을사늑약, 1905년 가츠라-태프트 밀약, 1907년 헤이그특사사건, 1907년 한일신협약(정미7조약), 1907년 고종황제 강제퇴위, 조선군대해산, 1909년 기유각서, 1910년 한일병탄강제조약으로 조선의 산과 바다, 하늘 그리고 3천만 국민을 침탈·약탈·강탈한 해적·마적·화적·산적·도적·떼도적죄, 이렇게 지금까지 밝혀 본 정치탄압, 경제수탈, 문

우키시마호가 마이즈루만에서 폭파 침몰당하던 날 구사일생으로 살아난 생존자들이 충남 천안문화원 대강당에서 사건 발생 당시 돌아가신 동료들을 위한 추모위령제를 지냄.(左.1997.8.24.). 해마다 8월 24일에 부산 우키시마호폭침한국희생자추모협회가 주관하여 우키시마호가 돌아와야 할 부산항 수미르공원에서 합동위령제를 지냄.(右)

화약탈은 잠시 옆에 제쳐놓고 일왕이 아시아 민중의 생명을 경시하고 인권을 유린한 사례를 몇 가지만 간단하게 다시 정리해 보면 산 사람의 다리를 톱으로 자르기, 불에 달군 쇠꼬챙이로 여성의 음부 쑤시기, 사람을 산 채로 가로 세로로 해부하기, 팔다리를 자르고 불에 던지기, 산 채로 탄광갱도에 가둬 묻기, 사람을 생매장하기, 가죽을 벗겨 죽이기, 끓는 물에 데쳐 죽이기, 냉동창고에 가둬 얼려 죽이기, 목을 잘라 놈들이 손으로 치켜들고 웃기, 산 사람 목을 누가 많이 베나 시합하기를 즐기듯 일삼았으니 그 죄는 하늘을 찌르는 천상모독죄이고, 이 같은 반인륜적 침략의 역사를 시인도 반성도 배상도 하지 않으면서 또다시 침략군대를 재편성하여 이웃나라를 넘보며 제 백성까지 또다시 살상의 도가니로 몰아넣으려는 자에게 하늘 천天자를 써서 천황天皇이라 호칭하는 것은 인류에게 모멸감侮蔑感을 주는 것이므로 일본의 4대에 걸친 일왕 일가에게는 하늘에서 그 죄

(左)일본 후쿠이현 츠루가市 해안에 시설한 나트륨냉각고속증식로. 일본은 1950년대 이후 플루토늄대량비축계획을 세워 2019년 현재 욕심대로 보유한바 핵폭탄을 만들 수 있는 양이 50~60톤이며 재처리를 아니한 사용후핵연료가 110톤에 이른다. 일본의 플루토늄은 핵발전소 원자로 연료로서 우라늄을 쓰지 않고 플루토늄을 쓰겠다며 상업용으로 위장되어 있다. 이 몬주핵발전소는 가동 초기부터 냉각물질인 나트륨이 유출되어 사실상 실패했고 그저 일본 보유 플루토늄을 상업용으로 위장하는데 불과한 시설이다. 몬주핵발전소는 2013년 5월 29일 무기한 운전 금지 조치가 내려졌다.

※히로시마원폭 한 개에 소요되는 플루토늄이 8kg이었으므로 일본이 현재 보유하고 있는 60톤(원폭제조 가능량, 아직 처리하지 아니한 사용후핵연료가 60톤 이상임)이면 60,000kg÷8=7,500 즉 7천5백 개의 히로시마 상당의 원폭을 만들 수 있는 양을 현재 보유하였고 원폭제조기술도 이미 미국의 지원과 엄호 아래 확보되었음.

(右)일본 아오모리현 로카쇼무라 핵집중시설과 연계된 미사와비행장. 2차대전 당시 충청북도 영동군, 보은군, 충주시 등지에서 강제연행된 한국인들이 일했던 아오모리현 미사와비행장의 최근 모습. 이 비행장의 활주로와 격납고와 평탄한 대지는 과거 태평양전쟁 당시 강제연행된 한국인들의 손으로 완공되었다. 최첨단 전자통신장비와 거대한 안테나 무리를 갖춘 두 개의 코끼리우리(흰색 돔)에서는 소련의 극동군이나 북한, 중국, 한반도의 움직임을 손바닥 보듯이 파악한다. 막 착륙을 시도하고 있는 항공기는 언제든지 핵폭탄을 탑재할 수 있는 대잠수함초계기 P3C오리온 아니면 C130허큐리스 수송기로 보인다. 미사와비행장은 일본 국내선도 일부운항하지만 역시 여론을 의식한 나머지 눈가리고 아웅하는 정도이고 주일미군과 일본 항공자위대, 해상자위대가 "미일합동군 사훈련장"으로 사용하고 있다.〈촬영:전재진 1995.07.29〉

의 대가를 내릴 것이니, 만약 일왕의 반인륜적 범죄사실을 확인하고 책임을 묻는 이 책의 제소하는 이유가 억울하다거나 부당하다면 항소하기 바라며, 상급 공판에서 더 상세하게 따져 물을 때는 불복하지 않겠다고 일왕 스스로 다짐하도록 하고, 청일전쟁, 러일전쟁,

대한제국 국권침탈, 중일전쟁, 2차대전, 태평양전쟁으로 이어진 침략전쟁은 일본제국헌법 '제11조 天皇ハ陸海軍ヲ統帥ス. 천황은 육해군을 통수한다'로서 모두 일왕의 말 한마디로부터 비롯된 것이니 일본제국의 침략헌법을 평화·사죄헌법으로 고칠 것을 인류 앞에 천명하기 바라며, 1896년 5월 러시아 로마노프왕조의 마지막 황제 니콜라이 2세 대관식에 참석한 야마가다 아리토모山縣有朋가 러시아 외무대신 로바노프 로스토프스키에게 '북위 38도선'을 경계로 한반도를 일본과 러시아가 사과를 반으로 자르듯 조각내어 나누어 먹자고 제의한 타국영토강탈죄他國領土强奪罪는 만고萬古의 역적逆賊으로 자국의 국민한테도 비난의 화살이 끊이지 않을 것이니 당장 그 망령된 꿈에서 깨어날 것을 선고·판결한다.

일본제국의 대륙침략은 멈춰진 시계가 아니다!
日本帝國の大陸侵略は止まった時計ではない!
Empire of Japan invasion of the continent is not a stopped watch!
日本帝國入侵大陆不是停滞的时钟!

여기서 밝힐 또 하나의 문제는 태평양 전역全域에 피비린내를 뿌린 2차대전 패전국인 일본 본토를 연합국이 분할통치하는 것이 마땅하였으나 미국의 농간弄奸으로 무산되었고 이로 인하여 일본 본토 북방으로부터 진격해 내려오는 소련군과의 대응문제로 아오모리현 오미나토에 있던 한국인을 군사적 조치로서 긴급소개緊急疏開함으로서 발생한「우키시마호폭침사건」에 대한 책임이 미국에도 주어진다는 점을 밝힌다.

　마지막으로 말하노니 이제 전쟁과 과잉생산과 환경파괴와 무질서로 점철돼 온 서구물질문명은 지구상에서 비도덕적, 반환경적 문명으로 쇠퇴하여 세계의 정치, 경제, 사회, 문화의 중심이 물욕적인 서구물질문명권을 벗어나 홍화평정신弘和平精神을 함양涵養하고 있는 동양문화권으로 옮겨지고 있어 바야흐로 아시아시대가 도래하였으니 일왕은 정한론征韓論=侵韓論의 1단계, 2단계, 3단계 전부를 철폐할 것, 제국·패권·군국·전쟁주의론을 태평양에 수장할 것, 대륙침략 수순을 모두 자체적으로 철폐할 것, 전쟁총지휘본부인 대본영大本營을 해체할 것, 남의 나라 영토를 넘보지 말 것, 남의 나라와 제 나라의 역사를 절대로 왜곡하지 말 것, 타민족의 문화를 존중하고 약탈한 문화재를 각각 해당국에 모두 반환할 것, 혹 일본 본토가 환태평양지진대 위에 놓여있어 항상 삶이 불안하다 할지라도 대륙침략으로 극복하려 하지 말고 평화적 협의로 협조와 구원을 구할 것, 제 나라 백성을 기만하지 말 것, 어떠한 경우라도 일본은 군사대국화를 획책하지 말 것, 대량으로 비축한 고준위핵폐기물과 플루토늄을 무기로 만들지 말고 전량 폐기할 것, 전쟁론을 조·개작造改作하여 동양평화를 교란하지 말 것, 다시는 일왕과 그 부하들이 지구촌의 여성을 능욕하는 성폭행 범죄를 자행하지 말 것, 과거와 같은 반인류·인륜적 범죄를 저지르지 말 것, 진정으로 동양평화의 동반자가 되고자 한다면 위선가면僞善假面과 위장책동僞裝策動을 당장 벗어버릴 것, 가해국 국왕으로서 아시아 각 피해국에 희생자를 위한 추모관을 건립할 것, 위 사항을 시행할 국제실행위원회를 설치할 것, 인류와 자연 앞에서 참회의 눈물을 흘릴 것을 권고勸告하며 세계평화와 인류공영을 도모하고자 일왕 무츠히토, 요시히토, 히로히토, 아키히토를 국제전범재판소國際戰犯裁判所에 제소한다.

*추신 : 이 책의 내용은 연구가·활동가·학자 제현께서 조사·수집·정리한 문헌과 서적과 자료와 보도기사에서 발췌하였으나 지면 사정과 고소장이라는 특수사정으로 일일이 주석을 달아드리지 못한 점에 양해를 구합니다. -엮은이 올림

[이것만은 꼭 알아둡시다!]

일본 사무라이 족속들이 조장한 정한론 日本侍族 征韓論

1. 정한론 조·개작 배경

(1) 미국의 통상 압력

미국의 해군제독 페리(Mathew C. Perry)가 1853년 7월 군함 4척을 몰고 일본의 에도만 江戸灣 우라가 浦賀에 도착하여 미국 대통령의 국서와 자신의 신임장을 일본 측에 전달하면서 통상조약체결과 개항을 요구하였으나 일본의 도쿠가와 막부가 수령을 거절하자 페리는 함포사격으로 무력시위를 단행했다. 미국의 막강한 근대 화력의 위력에 놀란 도쿠가와 막부는 충격을 받고 미국 대통령의 국서를 수령함과 동시에 이를 고려할 시간을 줄 것을 요구하였다. 페리 일행은 다음해에 다시 찾아올 테니 통상조약 체결과 개항을 준비하라고 엄포성으로 선언하고 떠났다. 페리 일행은 1854년 2월에 다시 일본 에도만으로 찾아왔다. 지난해보다 더 많은 군함 10척, 대포 250문, 승무원 1천8백 명을 인솔하였다. 만약 일본이 미국의 요구에 응하지 아니하면 다음에는 더 많은 미국 함대가 올 것이라고 위협하면서 5백 명의 해병대를 상륙시켜 무력시위를 감행했다. 일본은 이에 굴복하고 1854년 3월 「미·일화친조약」을 체결하였다.

(2) 「미·일화친조약」의 요점

① 시모다下田항과 하코네箱根항 2개 항을 개항할 것

② 일본은 미국에게 최혜국 대우를 승인할 것

③ 일본의 개항장에서 무관세·자유무역을 승인할 것

④ 표류 난파선원을 보호할 것

⑤ 18개월 뒤에 일본에 미국영사관 설치를 승인할 것

(3) 조약의 성격

① 근대 화력으로 무력 강압한 개항과 무관세 자유무역

② 조약의 각 항은 모두 미국 측의 일방적 요구

③ 불평등조약

(4) 일본 사무라이파들의 건망진 생각

① 미국과 통상 이후 무역적자 피해에 대한 대책으로 조선을 약탈하자.

② 미국이 일본에 개항과 통상을 요구한 방식을 그대로 모방하여 조선을 쳐서 식민지로 하자.

③ 서양과 교역으로 입은 손실을 삼한三韓 조선을 정복하여 그 토지와 금, 은, 물산으로 보상하지 않으면 안 된다.

④ 미국과 서양과의 통상에서 입은 피해를 조선에게 앙갚음하자.

⑤ 지정학적으로도 조선은 식민지배가 아주 용이하다.

2. 정한론을 조·개작한 일본제국 사무라이

〈제1정한론자〉

(1) 요시다 쇼인 吉田松陰: 1830~59

[＊조개작 시기 : 1854년~55년으로 추산됨.]

① 〈1단계〉: 조선을 정복하여 식민지로 하여 금, 은, 물산을 취하여 일본의 경제적 위기를 해결한다.

② 〈2단계〉: 만주滿洲, 몽고蒙古를 정복하여 이들을 일본이 지배한다.

③ 〈3단계〉: 남쪽으로 대만과 루손, 필리핀까지 정복하여 일본 통치하에 대일본해양제국을 건설한다.

〈제2정한론자〉

(2) 기도 다카요시 木戶孝允: 1833~77

[＊조·개작 시기: 1868년 1월 메이지정권 단행 직전]

① 정한征韓은 일본제국의 진출에 큰 방향을 정립케 한다.

② 정한征韓은 독립할거의 기준을 가지고 있는 여러 번藩들의 병력을 조선 정복에 동원함으로써 사무라이족과 국민의 눈을 밖으로 돌려 국내의 단결을 가져온다.

③ 정한征韓은 일본 해군과 육군의 무예기술과 전투훈련을 급속히 향상·발전시킨다.

④ 정한征韓은 천황 중심의 중앙집권적인 일본제국을 확립케 한다.

⑤ 정한征韓으로 조선을 소유·지배함으로 후일 일본제국의 흥기와 만세의 유지를 보장케 한다.

〈제3정한론자〉

(3) 사이고 다카모리西鄕隆盛: 1827~77

〈*조·개작 시기 : 1872년〉

① 정한征韓은 신정권의 폐번치현廢藩置縣과 징병제 실시로 직책과 특권을 잃은 사무라이족의 활로를 개척해 준다.

② 정한征韓은 신정권의 개혁정책으로 특권을 잃은 사무라이족의 불만을 조선 정복에 쏟게 하여 신정권을 강화시켜 준다.

③ 정한征韓의 시행계획으로 정한사령부를 설치하여 정예병력 4만 명을 차출하여 준비·배치한다.

④ 정한征韓의 시행묘안으로 사이고 다카모리 자신이 전권특파대사로서 조선조정에 가서 조선왕을 정면으로 지나치게 모욕하면 조선은 부득이 사이고를 투옥하거나 처형할 것이니 일본은 이를 구실로 이미 준비된 군사를 일으켜 정한을 단행한다.

〈출처: 신용하 저작집32. 한국근대사회변동사강의 19~27쪽〉

3. 정한론 해석

① 이웃 나라를 침략·정복하여 그 영토와 부와 자원을 약탈하려는 침략론이다. 미국한테 당한 꼴을 조선에 그대로 반영했다.

② 사무라이파들이 요시다 쇼인의 정한론을 채택하는 속에서 점차적으로 보완·확대·개작했다.
③ 메이지 정권이 요시다 쇼인의 정한론을 인정하면서 기도 다카요시의 정한론을 포함하여 채택했다.
④ 사이고 다카모리의 정한론은 노골적인 조선침략론으로 보완·확대·조개작했다.
⑤ 일본 국내에 산재해 있는 많은 사무라이족들이 나약하고 불량한 무츠히토의 신정권을 위협·전복할 우려가 있어 이들로 하여금 조선을 치게 하고, 죽은 자는 천황의 충신으로 일본 국내에서 위령하고, 산 자는 계속해서 조선을 점령·지배토록 하는 것이 침한론의 핵심이다.

우키시마호 폭침사건은 끝나지 않았다!

통일뉴스 2019. 7. 5
〈기고〉 전재진 우키시마호폭침진상규명회 대표

지난 74년 동안 풍화될 위기에 놓여있던 우키시마호폭침사건을 김진홍 감독이 다큐영화를 제작하여 8월에 개봉한다고 하니 참으로 고무적인 일이다. 이에 우키시마호폭침진상규명회는 다음과 같이 사건의 진상을 밝혀 국민관람에 이해를 돕고자 한다. / 필자 주

① 우키시마호 폭침사건이 지금까지 베일에 싸인 이유

결론부터 말하면 미국은 제2차세계대전 전쟁총지휘본부인 대본영의 전쟁지휘·지도자 히로히토를 살려야 했다.

미국을 제외한 다른 연합국가들의 조사관이 일왕 히로히토의 전쟁범죄를 조사하여 제소하려 한 일제관동군731부대 인

우키시마호 희생자들을 위한 상징물.
[자료사진 – 통일뉴스]

간생체실험, 난징대학살, 일본군 세계여성성폭행범죄, 조선인강제징용·강제노동, 아시아를 대규모로 약탈한「황금백합작전」그리고 각종 제노사이드 등의 진상조사를 미국이 직접 나서서 방해하고 차단함으로써 A급 전범자인 히로히토를 극동전범재판소에 회부하고자 하는 연합국의 주권을 원천적으로 봉쇄했다.

미국은 동북아에서 소련과 중국의 사회주의 팽창을 저지하고 일본의 민주화를 내세웠으나 비겁한 전후처리였다는 국제적 비난을 피할 수 없으며 일본제국의 천황제 유지를 인정한 미국의 행위는 지구 생성 이래 최악의 범죄였다.

우리는 여기서 1945년 5월 스위스에서 일본과 미국 사이에 전개된 화평공작이 우키시마호폭침사건과 직접 관련됨을 알아야 한다. 당시 스위스 주재 무관 후지무라 중령과 미국 국무성의 아렌 달레스 사이에 비밀공작이 있었다.

그 비밀공작에서 미국은 일본 측에 요구사항이 없었으나 일본은 미국 측에 세 가지 조건을 제시했다. 하나는 천황주권을 유지하는 것이고, 또 하나는 일본이 섬나라이기 때문에 배가 없으면 먹고 살 길이 막막하니 현재 남아 있는 상선은 그대로 일본에 남겨 둘 것을 요구했다. 마지막 세 번째 조건은 대만과 조선을 그대로 둘 것 즉 대만과 조선은 일본인의 식량이 있는 땅이니 일본 영토로 인정해 달라는 것이었다.

바로 첫 번째 요구사항인 천황제를 유지토록 하려면 히로히토를 전범으로 처리하면 안 되었다. 이렇게 일본이 항복하기 전부터 미국은 일왕 히로히토를 전범으로 처리할 방침이 아니었다.

그런데 전쟁시기가 아닌 평화시기에 대본영의 군사적 조치에 따라 대형 제노사이드인 우키시마호폭파사건이 자행되었다. 이 초대형 제노사이드가 국제사회에 알려지면 히로히토의 방패막이가 돼야 할 미국으로서는 난감해지면서 치명타를 맞을 판국이었다.

스위스 화평공작 첫 번째 사항으로 천황제 유지 약속이행으로 히로히토를 살리려고 일제관동군731부대 인간생체실험, 난징대학살, 일본군 세계여성성폭행범죄, 조선인강제징용·강제노동, 아시아를 대규모로 약탈한「황금백합작전」그리고 각종 제노사이드 등을 조사하지 못하도록 방해한 그 연장선상에 놓여 있는 것이 바로 우키시마호폭침사건이다.

그래서 연합국총사령부 맥아더를 이용하여 일주일 만인 9월 1일에 이 사건의 전말을 덮었고 74년이 지난 지금까지 검은 베일에 싸여 있다.

② 시모키타반도에서는 왜 서둘러서 조선인을 내보냈나?

일본의 아오모리현 시모키타반도는 우키시마호에 승선했던 조선인들의 강제노역장이라는 점에서 우키시마호폭침사건의 발상지이다. 이 시모키타반도에는 일본의 4대 군항인 오미나토해군경비부가 주둔해 있었다.

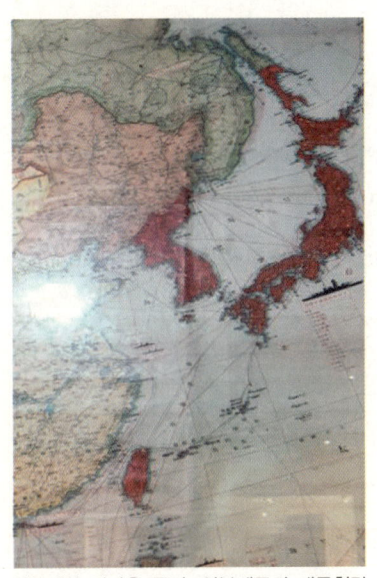

일본에서 건너온 물건. 일본제국의 대륙침략은 멈춰진 시계가 아니다. [자료사진-전재진]

미국의 전함이 북태평양에서 동해로 진격하려면 홋카이도와 시모키타반도 사이에 있는 츠가루해협을 통과해야 했다. 이 해협의 제해·제공권 확보와 일본 북방지역의 방위를 담당한 하코다테 해군기지에 군수물자를 공급하려면 시모키타반도의 군사요새화는 필연적이었다.

하여 대본영은 각종 군사시설공사장에서 필요한 인력으로 조선인 9천 명을 투입하라는 공문을 오미나토 해군경비부에 하달했다. 이 지역에는 대본영 공문 지령 이전에 이미 강제징용된 조선인과 아베 시로 광산에서 일하던 조선인을 합하면 1만5천에서 2만여 명에 달하는 조선인이 일본군의 억압과 핍박과 학살과 고문치사에 시달리고 있었다.

그런 조선인이 일제 항복 후 귀국하려고 우키시마호를 타게 된다. 이때 일본 대본영은 9월 중순부터 조선인 송환계획을 세웠다. 하지만 시모키타반도에서만큼은 8월 13일 조선인 긴급소개 명령이 떨어졌다.

1945년 7월 26일 공포된 포츠담선언 제7항은 연합국은 일본 영토의 보장점령 즉 분할점령을 의미하고 있었다. 이렇게 영국과 중국, 소련과 미국 네 나라가 일본 본토를 분할통치하기로 돼 있었으나 영국의 처칠이 미국의 트루먼에게 "소련이 극동에서 교두보를 설치하려 한다"고 통보하자 미국은 일방적으로 분할통치를 취소했다. 그날이 8월 13일이었다.

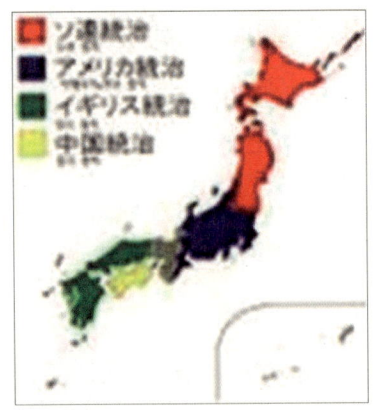

연합국 소련, 미국, 영국, 중국의 일본 본토 분할점령(안). [자료사진 – 전재진]

하지만 소련군은 사할린에서 홋카이도와 일본 본토를 향해 진격해 내려왔다. 이때 일본 본토 아오모리현에는 강제징용과 강제노동과 고문치사 학살로 억압받아 온 조선인이 집중돼 있었다. 이들 민족성이 강한 조선인이 진격해 내려오는 소련군과 합세하면 대규모 군단을 이뤄 소련에 할당되었던 일본 본토 북방지역이 소련군에 점령되는 것은 너무나 자명했다.

그래서 홋카이도와 마주보고 있는 시모키타반도 일대 군사시설에 투입되었던 1만여 명의 조선인을 긴급 소개해야 했다. 당시 오미나토 일대로 몰려든 조선인을 소련군 스파이로 몰아붙이는가 하면 조선인을 음해하는 유언비어가 난무했다. 모두 유도된 음모였다. 그러면서 고향으로 보내준다며 우키시마호에 모두 태워 일본 교토부 마이즈루만에서 폭파침몰시켰다.

③ 우키시마호 침몰원인

 미사와 비행장을 포함한 시모키타반도 일대에서 강제노역에 시달리던 조선인이 오미나토항 주변으로 몰려들었다. 멀리 이와테현 채석장과 홋카이도에서 내려온 사람들도 많았다. 이들 조선인들은 멀리 정박해 있는 우키시마호까지 거룻배로 오가며 승선하는 데 3일이 걸렸다.

 일본 군부는 검은 페인트를 칠해 배의 이름을 지웠고, 기관실 옆 창고에 자폭장치를 설치했다. 해군승무원들이 승선을 거부했으나 군법으로 다스리겠다고 협박하여 250명의 승무원도 탔다. 이 협박성은 조선인들에게도 영향을 미쳐 일부 강제승선임을 주장하게 된다.

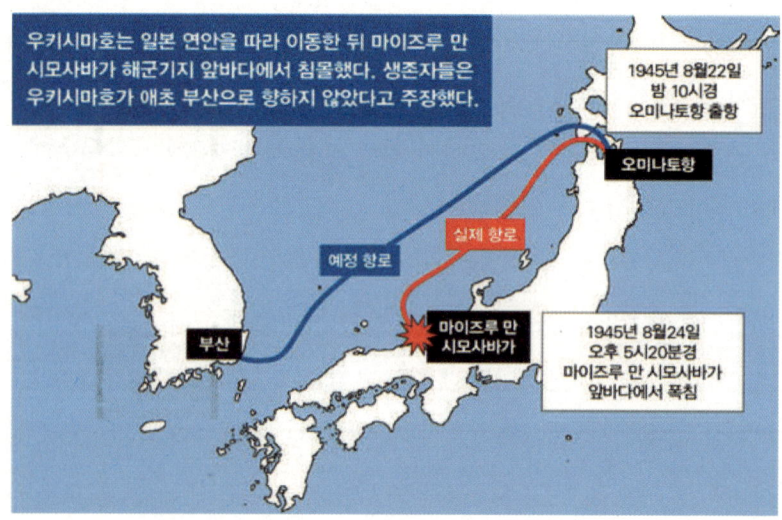

무쓰만을 빠져나온 배는 부산항을 향하는 직항로를 택하지 아니하고 일본 본토를 따라 남하하다가 마이즈루만으로 들어갔다. [자료출처-우키시마호폭침진상규명회]

승선을 완료한 배는 출항하지 아니하고 24시간을 해상에서 머물다가 22일 밤 10시에 오미나토항을 떠났다. 무츠만을 빠져나온 배는 부산항을 향하는 직항로를 택하지 아니하고 일본 본토를 따라 남하하다가 마이즈루만으로 들어갔다.

　이때 해군 승무원들이 연료가 부족하여 보충해야 한다. 물을 실으려고 마이즈루로 들어간다고 수단을 피웠으나 모두 거짓이었다. 마이즈루만으로 들어간 배는 마이즈루방비부의 부두 접안을 회피하고 시모사바가 해변 3백미터 전방에 멈춰섰다. 기관실 기계도 껐다.

　곧 구명보트가 내려져 고위급 장교들이 먼저 빠져 나가자 나머지 승무원들은 마치 송사리떼처럼 헤엄쳐 모선을 빠져 나갔다. 그러자 굉장한 폭발소리와 동시에 중간 부분이 꺾이며 앞뒤가 들려 V자 형

우키시마호 침몰원인. [자료출처-우키시마호폭침진상규명회]

으로 가라앉았다. 선실에서는 화약냄새가 퍼졌고 미쳐 빠져 나오지 못한 사람들이 아비규환을 이뤘다. 기관실 연료탱크가 터져 바다는 온통 중유로 덮였고 죽은 사람이 바다를 메웠다.

　해군들은 구조에 나서지 않았으며 주변을 오가던 다른 배들도 사건 현장을 거들떠보지 않았다. 이렇게 수천 명의 사람의 생명을 집어삼킨 마이즈루만은 어둠이 깔려 아무것도 보이지 않았다.

　이 침몰사건에 대해 일본 정부는 미군이 부설한 기뢰에 닿아(촉뢰: 觸雷) 침몰했다고 주장한다. 그러나 우키시마호폭침진상규명회가 기뢰성상, 생존자들의 증언, 현장정황을 분석해 본바 일본 정부의 주장은 허위일 뿐이다.

　당시 미군이 부설한 기뢰는 감응기뢰로서 수압, 전파, 음향의 영향으로 폭발하게 되어있다. 앞서 기술한 대로 우키시마호는 멈춰섰기에 수압이 발생하지 아니하고 기관을 껐기에 음향과 전자파가 발생하지 아니한다. 그렇다고 기뢰가 배 밑으로 다가와 부딪쳐 폭발할 논리도 아니다. 더구나 폭발소리는 2회였고 물기둥이 없었다.

　따라서 침몰원인은 대본영의 조선인 긴급소개라는 군사적 조치에 따라 오미나토 해군경비부가 주도하여 출항 이전에 기관실 옆 창고에 설치한 자폭장치가 폭발하여 침몰되었다. 미군이 부설한 기뢰에 닿은 침몰이 아니다.

　일본 정부가 이를 반박하려면 한국 정부와 한국의 진상규명회측에 반박자료를 제시하라. 그 증거는 74년이 지난 지금도 마이즈루만 해저에 있다. 일본 정부가 이를 인양 수습하여 그 증거로서 제시하기 바란다. 그때 국제무대에서 혹독하게 따지겠다.

④ 사후처리의 부당성

우키시마호 침몰은 여행선 타이타닉호 침몰과는 그 정황이 질적으로 다르다. 타이타닉호는 여행객들이 타고 대서양을 건너다 빙산과 충돌하였으나 우키시마호는 일본이 일으킨 2차대전 전쟁터로 강제징용당한 조선인이 해방을 맞아 고향으로 돌아오던 도중에 일본대본영의 명령에 따라 일본군부가 의도적으로 자행한 외국양민계획적대량학살(Genocide)이다.

그럼에도 2차대전 전후처리기구인 연합국총사령부에서 이 사건을 조사조차 하지 아니하고 단 일주일 만에 사건의 전말을 조작·발표하고 마무리했다. 당해 12월 7일 일본조선인연맹 아오모리지부 손일 위원장이 GHQ(연합국최고사령부)에 일본 정부를 상대로 제소했다. GHQ 법무국 검찰과는 "사건발생 증거불충분"이라며 소를 기각했다.

마이즈루만에는 몇 명이 될지 모를 시체가 선실에 가득한 우키시마호가 마스트를 수면 위로 내밀고 있었는데도 증거불충분이라며 기각한 것은 미국의 양심이 얼마나 비겁했는지 환하게 들여다보이는 대목이었다.

침몰한 배를 즉시 인양하여 사망자의 신분도 확인해야 했고 부상자와 실종자도 조사해야 했으나 이런 일은 없었다. 해안가에 밀려든 시신을 굴비처럼 엮어 바닷가에 매뒀다가 타이라해병단 뒷산 골짜기로 옮겨 기름을 붓고 태워 그 자리에 매립했다. 고구마 밭에도 묻었고 인근 무인도 자연동굴에도 방치했다.

침몰한 우키시마호를 해저에 방치했다가 9년 만에 인양할 때도 조일우호협회에서 유해를 원형 그대로 인양할 것을 요구했으나 이를 묵살하고 다시 다이나마이트로 폭파하였다. 9년 전에 죽은 사람을 다시 다이나마이트로 산산조각 내 죽인 것이다.

그 뒤로 일본 정부는 피해자와 진상규명회가 요구하는 자료를 단 한 건도 제공하지 아니했으며 피해자 원고단이 승소한 교토지방재판소 판결도 결국 오사카고등법원 항소심에서 피해자 패소로 판결했다.

이 일본 군부의 계획적 대량수장학살에 대해 일본 정부는 74년이 지나도록 사죄도 보상도 전혀 아니했다.

⑤ 한·미·일 정부의 책임

우키시마호 폭침사건의 피해에 대한 제반 법적·인도적 책임은 한·미·일 3국 정부에게 있다.

한국 정부는 1965년 이전 한일 수교 협상 과정에서 우키시마호 폭침사건 자체를 인지하지 못한 책임이 있다. 1965년 한일기본조약 체결로 종결되지 아니하였는데도 그 뒤로 사건 해결에 힘쓰지 아니한 책임이 있다.

일본에 대해 "과거는 묻지 않겠다", "일본과 외교적 마찰이 우려되는 부분은 조사하지 않는다"고 해온 한국 정부의 자세는 자국민의 존엄과 인권을 무시한 독재적 발상에서 나온 굴욕적 소치이므로 이에 대한 책임이 있다.

일본은 자국이 감행한 태평양전쟁에서 자국민이 인간 이하의 만행을 저지른 점에 수치인지 자긍인지는 몰라도 패전 이후부터 지금까지 해외에 있는 자국민의 유해를 찾는데 600억 엔을 투자했고, 유해를 찾지 못하면 죽은 장소의 모래와 자갈을 파다가 전쟁인양기념관 전시실에 전시해 놓고 추모하고 있다.

반면에 한국 정부는 일제에 강제연행되어 귀국 도중 억울하게 죽은 수백 수천 구의 조선인 유해가 한 장소에 있는데도 발굴·수습·봉환하지 않았다. 이에 대한 책임이 있다.

미국 정부도 책임을 모면할 수 없다. 일본도 수락한 포츠담선언을 미국이 위반했다. 제2차세계대전 전후처리에 대한 연합군국의 의사를 무시한 미국은 동북아에서 러시아와 중국의 사회주의의 팽창을 막는다는 일방적인 전략으로 패전국 일본의 위신을 세워야 했다.

그래서 전쟁총지휘자였던 일왕 히로히토를 전범으로 처리하지 아니하였으며, 특히 당시 우키시마호 폭침사건이 국제문제로 확산되면 일본과 히로히토를 엄호하는데 국제사회에서 불리하게 될 것이므로 일왕 히로히토의 침략전쟁 행위 가운데 일본이 불리한 사건은 덮었고, 조사하는 것조차도 방해하였으므로 그에 대한 책임이 있다.

나치 동맹국인 일본의 전범처리를 유기한 점과 같은 2차대전 전범인 독일에 대해서는 조사·공개하고 일본에 대해서는 철저하게 비호했으며 특히 우키시마호 사건을 인지하고도 사후처리를 하지 않는 것은 연합국 대표국격으로서 인권유린에 해당되므로 그에 대한 책임이 있다.

일본의 아시아 약탈에 대한 공식조사 역시 한 번도 없었다. 1945년 5월 스위스에서 미국과 일본이 화평공작을 전개하던 시기에 골든릴리작전이 완료되었고, 175개의 황실보물창고 건설을 담당했던 175명의 토목건축기술자 전원이 생매장되었다. 골든릴리를 진두지휘한 왕자들과 야마시타 장군은 잠수함을 타고 필리핀을 탈출하여 본국으로 귀환했다.

마닐라항에는 황금을 가득 실은 7천 톤급 군함을 고의적으로 가라앉혔고 마이즈루만에도 같은 방식으로 가라앉혔다. 7천 톤급 함대 몇 척 분량의 금괴가 미국으로 넘어갔는지를 추정해도 전혀 무리가 아니다. 이 외 얼마만큼의 금괴가 미국에 제시됐을지는 아무도 모른다.

스위스 화평공작에서 미국은 일본 측에 요구사항이 없었던 것은 이미 뒷거래로서 황금도색시공이 끝난 뒤였기 때문일 것이다. 이런 미국이 전후처리를 어떻게 했을지는 뻔한 일이 아닌가 말이다.

제2차 세계대전 후 미국은 일본의 천황제 유지와 비공산화에만 열을 올린 나머지 조사를 하자는 연합국의 요구를 반대했으며, 일본에 불리한 어떤 조사도 실시되지 않도록 방패막이가 되어 주었다. 그러므로 전범국을 비호하여 우키시마호폭침사건을 조사하지 못하도록 한 책임이 미국 정부에게도 주어진다.

일본 정부의 책임은 지구상에서 입이 열 개라도 변명할 여지가 없다.

일본 정부에게는 원천적인 책임인 원상회복이다. 우키시마호폭침사건은 1965년 한일기본조약 체결로 종결하지 아니하였다. 1965년 한일기본조약은 외교 문제와 경제문제였지 인도에 관한 사항은 없었고 시행하지도 않았다. 그러므로 외국양민계획적집단학살은 국제법에 따른 인도적 책임이 있다.

일본 정부가 GHQ에 보고한「今後의 日本政府의 自主的인 處理方針」에서 '…鮮人의 편승 수송은 해군의 의무는 아니고 완전한 호의에 근거하는 것이며 아울러 조난사건은 완전히 불가항력에 기인한 것이기 때문이다'는 완전한 조작이므로 책임이 있다.

'便乘者의 員數에 관해 日鮮兩者의 조사에는 상당한 차이가 있는 것이지만 二復(후생성제2복원과)으로서는 當部調査의 성과를 현 단계에 있어서 최선의 것이라고 확신하기 때문에 鮮人측의 6천 수백 명 또는 8천 수백 명 등과의 망언에 대해서는 특히 명확한 근거를 요구하지 않으면 안된다. 〈이하 생략〉'는 완전한 조작이므로 일본 정부에 책임이 있다.

일본은 조선인에 대해 「내선일체內鮮一體, 황국신민皇國臣民」을 외치며 "동원"이라는 명목으로 조선인을 전쟁터로 몰아넣었다. 그러다가 패전 뒤에 일본군(일본인전쟁피해자)에게는 일반연금과 장애연금을 지급하고 있으나 재일조선인전쟁피해자에게는 「일본 국적이 아니다」는 이유로 연금지급을 하지 않았다. 그러므로 일본 정부는 제2차 세계대전과 태평양전쟁이 남긴 조선인 피해자에게 배상할 책임이 있다.

일본은 폭파 침몰 자체의 잘못 외에도 사건 은폐, 사체 유기라는 중대한 잘못이 있다. 70년여 동안 피해자를 기만한 잘못도 빼놓을 수 없다. 그러므로 이에 대한 책임이 일본 정부에 있다.

⑥ 우리 국민의 유해를 봉환해야 한다

지금도 일본 교토부 마이즈루시 인근 바다 마이즈루만에는 우리 국민의 유해가 '수중표류水中漂流, 해저매몰海底埋沒, 선실적체船室積滯, 집단매립集團埋立, 유기방치遺棄放置'된 상태이다. 한국 정부만이 발굴하여 수습할 수 있는 '유해봉환遺骸奉還'을 언제 하려는지?

9백 년 전에 서해 항로를 따라 개성으로 가던 조공선이 태안 앞바다에서 강풍을 만나 침몰하면서 가라앉은 밥그릇과 접시는 잘도 건지는데, 일제의 전쟁터로 강제연행 당해 죽을 고생을 하다가 광복을 맞이하여 귀국하던 도중에 일본군들의 집단학살만행으로 돌아가신 우리 국민의 유해는 건지지 않고 있다. 아마도 세월이 9백 년쯤 지나야 가능할 일인가 보다.

그날이 1945년 8월 25일이었다. 아내와 두 딸을 잃은 장종식 씨를 비롯해서 많은 사람들이 마이즈루만 바닷가로 가족을 찾아 나섰다. 살아남기를 바람이 간절했지만

우키시마호를 삼킨 바다는 말이 없다. [자료사진-통일뉴스]

시신이라도 찾으려고 나갔으나 찾지 못했다. 시신은 온통 검은 중유로 덮였고 얼굴과 온몸이 퉁퉁 부어 있었다. 해변에는 시체가 겹겹이 쌓였고 바위틈이나 돌 틈에도 끼어 있었다.

해군은 아니었고 공무원인 듯한 일본인들이 시신을 굴비 엮듯 밧줄로 엮어 끌고 다니다가 말뚝에 매놓았다. 그리고는 트럭에 실어 타이라해병단 뒷산 골짜기로 옮겨 기름을 붓고 태워 그 자리에 묻었다. 유골함에 담는다거나 보자기로 싸서 따로 보관하지도 않았다. 그저 보이는 대로 고구마 밭에도 묻고 무인도 동굴에도 넣었다.

해저에 9년 동안 방치한 우키시마호를 인양하면서 건져낸 유해는 화장하여 9년 전에 발표한 사망자 수에 맞춰 나눠 담았다. 이를 분골

2016년 8월 '일제 강제징용 조선인노동자 상 제막식 및 합동추모제' 대표단이 우키시마호 침몰 현장을 찾아 헌화하고 있다. [자료사진 – 통일뉴스]

2016년 8월 우키시마호 침몰 희생자 합동 추모행사에 참가한 양대노총 대표단들. [자료사진–통일뉴스]

이라 한다. 이 분골의 일부가 아직도 도쿄 우천사 납골당에 안치되어 있다. 하지만 이를 조상의 뼈라고 소중하게 할 이는 아무도 없다. 마이즈루만 해저 갯벌 속에는 아직도 유해가 가득하다.

그런데도 한국 정부나 정부기관으로 된 피해자재단에서는 우천사에 가서 추모식을 하잔다. 이에 경남 거창에 거주하는 유족 한영용 씨는 "마이즈루만 해저에도 팽개쳐 있고, 해병단 뒷산 골짜기에도 묻혀있고, 무인도에도 있을 것이고, 고구마 밭에도 묻혀있고, 우천사 납골당에는 몽땅 합쳐 태운 것을 나눠 담은 것인데 내 어찌 거기에

절을 하겠는가!"고 항변했다.

　우리 국민의 유해가 무주고혼으로 구천을 헤매는 것은 비단 우키시마호폭침 희생자(수장학살)뿐만이 아니다. 일제 항복 이후의 학살만 치더라도 사할린 가미시스카경찰서 학살(화염학살)과 미즈호 학살(냉동학살)을 자행했고 제주도 땅굴진지 공사장에 투입되었던 옥매광산 광부들도 귀향하는 도중에 청산도 앞바다에서 수장 학살을 당했다. 남태평양과 사할린에는 더 많은 유해가 구천을 헤매고 있으며 탄광, 채석장, 철도공사장, 지하군수공장, 비행장 등지에서 죽어간 우리 국민의 수가 얼마인지 알 수 없다.

　이 지면을 통해서 한국 정부에 말한다. 제발 이제는 질질 끌지 말고 마무리 짓자. 태평양전쟁희생자 유족회의 대일투쟁이 얼마나 간고한가 말이다. 일제침략피해문제 즉 대일청구권문제 해결이야말로 민족의 자존심을 회복하는 일이라고 투쟁해 온 비영리민간단체는 또 얼마인가.

　1945년부터 지금까지 모든 정권이 식민역사, 식민문화, 식민법제, 식민정치, 식민경제, 식민잔재, 미국의 패권과 일본의 군국·제국의 굴레에서 벗어나지 못한 것은 모두 정치권의 잘못과 정치인의 역사인식 부재였다. 너무 긴 세월이 흘렀다. 민족반역자·친일파·일제동조파·친일동조파·일제침략동조파를 처단하지 못한 자멸현상이다.

　이제라도 태평양전쟁 피해자(사망자·실종자·부상자·생존자 유족회) 5백만 유족이 하나로 뭉쳐 역사정의歷史正義가 정치권을 능가해야 한다. 그래야 통일이 가능하고 민족번영과 동양평화를 실현할 수 있다.

〈저작권자 ⓒ통일뉴스 무단전재 및 재배포금지〉

후기 後記

　이상 일본제국의 4대 일왕을 제소하는 이유에서 밝힌 대로 그들의 침략전쟁범죄는 국제법상 A급 전범에 해당한다. 그러나 이들 침략전쟁범죄자들을 처벌하지 못하도록 방패막이가 되어 준 미국과 연합국총사령관 맥아더는 인류 역사상 가장 큰 오판을 저질렀으며, 그 오판 또한 가장 고약한 범죄이다. 다시 말하면 처형했어야 할 전범자 일본제국의 천황 히로히토를 살려둠으로써 그 간악한 '천황제 유지'를 인정한 것은 씻지 못할 인류모반죄였다. 이 책으로 전쟁범죄를 낱낱이 밝힘으로써 일본정부의 난처한 입장을 대변한 것이다.

　이에 필자는 이 작은 책을 향후 일본을 국제전범재판소에 제소할 때 참고로 삼기 바란다. 국제전범재판소는 이 책을 주시注視하라!

　대한민국의 독립운동가이자 사학자이며 언론인이신 단재 신채호丹齋申采浩 선생의 말씀대로 '역사를 잊은 민족에게 미래는 없다'가 현실로 다가왔다. 우리 민족은 일제침략사와 만주항일전쟁사를 망각하여 미래가 없고 일본인은 자신들의 대륙침략사를 망각하였기에 또다시 대륙침략으로 이어져 그들의 미래는 암흑 속으로 빠져들 것이다.

　사람이 사람을 죽이려고 기관총을 만들고 미사일을 만들고 전투기를 만들고 잠수함을 만들고 핵무기를 만든다는 것을 생각하면 나는 도무지 이해가 안 된다. 지구상의 어떤 미물도 그러지 아니한다. 오로지 사람만 사람을 죽이려고 대량살상무기를 만든다. 살상무기를 만드는 역사를 망각했기에 지구촌의 미래는 없다. 종교전쟁은 있어도 평화종교는 없다.

　일본 정부와 일본인에게 말하노니 지구상에서 행복을 누리고 싶거든 당장 대륙침략의 야욕이 덕지덕지 묻은 두 손발을 깨끗이 씻고, 다중이중근성인 한입으로 두말하기二枚舌를 습성에서 떼버리라!

　이 작은 책에 등장한 고소인들은 지금도 지하에서 눈을 감지 못하고 있음이 분명하다. 그들은 모두 독립투사, 애국지사, 애국열사, 애국의사였다. 그들은 조국 광복을 위해 목숨을 아끼지 않았다. 반일·항일·반제국은 민족교육으로 가능하다고 했다. 그래서 그들은 무장투쟁을 하면서도 민족교육을 소홀히 하지 않았다. 황량한 만주벌판에서 영하 40도를 오르내리는 산맥의 혹한 속에서도 무장투쟁만이 조국의 광복이요 민족이 살 길이라는 것으로 지구상에서 유일하게 일본제국주의와 때로는 맨주먹으로 때로는 죽창으로 죽음을 두려워하지 않고 정면에서 맞서 싸웠다.

　동이족의 미래와 동양평화를 짊어지고 나갈 젊은이에게 이르노라! 일본제국의 대륙침략은 끝나지 않았다. 이미 그 재침략再侵略 준비는 끝났다. 미국에게는 일본의 대륙침략전략을 제어할 기능이 사라졌고 그 침략정책에 동조하고 있다. 한반도 남단에는 일본의 재침을 기다리는 친일파, 민족반역파, 일제동조파, 친일동조파, 일제침략동조파가 각계각층을 장악하고 있음을 명심하라!

한일강제병탄 109년이자 3.1독립운동 100년을 맞이한 이 시대에 사는 우리는 과연 그들의 피와 땀과 죽음과 애국애족정신에 비하여 얼마만큼 조국과 민족의 미래를 생각하고 있는지 자성해 볼 때이다.

분명한 것은 고소인 그들이 원하는 것은 '분단된 조국'이 아니다. '왜색문화가 판치고 친일파들이 우글거리는 조국'도 아니다. '패권·제국·군국·침략주의와 편승하는 조국'은 더욱 아니다. "환국의 후예이다, 홍익인간이다, 하나 된 조국이어야 한다"고 말하는 그들 앞에 우리는 지금 어디로 가고 있는가? 그러기에 그들은 지금도 지하에서 민족의 미래를 걱정하고 있다.

최근 일본의 모반·패륜·망측한 군사행동은 상업용으로 위장·포장하여 비축된 대량의 플루토늄을 허리에 차고 군사대국화를 달성했음을 시사한다. 이에 필자는 지구상에서 가장 숭고한 3.1독립운동 정신을 되새기면서 참회懺悔의 눈물을 흘리는 일본인이기를 바라는 마음으로 이 작은 책을 출판합니다.

글쓴이 전재진

일본제국의 대륙침략은
멈춰진 시계가 아니다

초판 1쇄 발행일 | 2019년 7월 30일

지은이　　| 전재진
펴낸곳　　| 북마크
펴낸이　　| 정기국
디자인　　| 서용석
관리　　　| 안영미

주소　| 서울특별시 동대문구 무학로45길 57 명승빌딩 4층
전화　| (02) 325-3691
팩스　| (02) 6442 3690
등록　| 제 303-2005-34호.(2005.8.30)

ISBN　| ISBN 979-11-85846-85-9　03910
값　　| 15,000원

이 책은 저작권법에 따라 보호를 받는 저작물이므로 무단전재와 무단복제를 금하며,
이 책 내용의 전부 또는 일부를 이용하려면 반드시 저작권자와 북마크의 서면동의를 받아야 합니다.
• 잘못된 책은 바꾸어 드립니다.